품질로
세상을 바꾸는
사람들

발 행 일	2014년 8월 11일 초판 1쇄 발행
	2015년 10월 26일 초판 3쇄 발행
엮 은 이	KSA 국가품질센터
발 행 인	박 재 우
발 행 처	한국표준협회미디어
출판등록	2004년 12월 23일(제2009-26호)
주　　소	서울시 금천구 가산디지털1로 145, 에이스하이엔드 3차 1107호
전　　화	02-2624-0362
팩　　스	02-2624-0369
홈페이지	http://www.ksamedia.co.kr

ISBN 978-89-92264-73-0 93320
값 14,000원

품질로 세상을 바꾸는 사람들

나와 회사, 그리고 세상을 변화시킨
분임조활동 이야기

한국표준협회미디어

"지난 10년간, 품질이 가장 돋보인 나라가 바로 한국입니다."

"그래서 배우러 왔습니다."

"도대체 한국은 무엇이 다른가요?"

최근 사우디아라비아 품질협회(SQA) 벤치마킹 그룹이 우리나라를
방문하였다. 한국의 품질 여정과 주요 활동을 소개하자, 많은 질문들이
쏟아졌다. 품질 교육, 포상, 인센티브, 문화, 리더십 등에서 자신들에게
부족한 뭔가를 찾으려고 애썼다. 일부 차이점이 있긴 하지만, 크게
보면 그들 역시 비슷한 활동을 전개하고 있다고 한다.

"약 300개 정도의 개인 메달을 매년 수여합니다."

"300개요? 정말 그렇게 많아요?"

바로 이 대목에서 모두들 입이 벌어졌다. 품질분임조 포상 규모에서
확연한 차이를 실감한 것이다. 그 정도 규모의 포상이 가능하려면 현장
품질 개선이 얼마나 치열하게 이루어지고 있겠는가.

품질분임조. 그들은 품질 향상을 가능하게 만든 개선 전문가이며,
현장의 혁신 리더들이다. 남들이 입으로만 문제를 지적할 때 그들은

손발로, 가슴으로, 그리고 열정으로 '세상을 바꾼 사람들'이다. '월드 베스트 품질'을 실현한 대한민국 산업 발전의 일등공신이다. 그들은 품질문제 해결뿐만 아니라 자신의 생활 철학에서도 퀄리티(Quality) 최우선 리더십을 갖춘 사람이다.

분임조활동을 통해 품질의 달인이 된 품질명장들은 세 가지 관점에서 남다르다. 첫째, 그들은 해결사 관점에서 대응한다. 어떤 문제를 만나도 문제 해결자의 태도를 견지한다. 반드시 풀린다는 신념 덕분에 주위 사람에게 늘 긍정 분위기를 제공한다. 둘째, 모든 일에 열정이 넘친다. 뛰고 또 뛰고, 생각하고 또 생각하며, 감사하고 더욱 감사하는 지도자다. 셋째, 초일류의 안목을 갖춘 까다로운 전문가다. 세계 최고를 지향하는 그들의 눈높이는 언제나 도전적이다.

각각의 사업장에서 몸과 마음으로 미래를 개척하고 있는 '품질 국가대표'들의 목소리에 귀기울여 보는 것은 매우 의미 있는 일이다. 〈품질로 세상을 바꾸는 사람들〉은 우리의 가족과 기업 그리고 나라를 사랑하는 품질인의 마음이며, 더 좋은 세상을 만들기 위한 날갯짓이다. 품질한국의 위대함이 새롭게 조명되는 계기가 되기를 기대한다.

2014년 8월
한국품질경영학회 회장
신 완 선 성균관대학교 교수

'학벌중심이 아닌 능력중심사회 구현'이라는 이슈가 언론에 종종 등장한다. 학벌이 우선시되는 사회에서 능력 중심의 사회로 나아가기 위해 어떻게 해야 하는지 전문가들의 고견이 쏟아지고 있다. 그 방법 중 하나가 '일과 학습의 병행'이었다.

나는 순간 무릎을 쳤다. 그 모델이 바로 우리들, '국가품질명장'이라는 생각에서다. 대한민국 산업 발전과 성장을 함께 해온 1,380명의 국가 품질명장들은 능력으로 기업과 국가에서 인정받은 산업일꾼이다. 그들은 쉬지 않고 자신을 계발했고, 기업의 품질 경쟁력을 향상시켰으며, 나아가 국가경제에 이바지했다.

그들이 이러한 성과를 낼 수 있었던 것은 학벌이 좋아서도 아니고, 집안의 배경이 좋아서도 아니었다. 오히려 어려운 가정 형편에 보탬이 되고자 어린 나이에 산업 현장 최일선에 뛰어든 사람들이 대다수이다. 그들이 성공할 수 있었던 것은 바로 자신의 능력을 꾸준히 향상시켰기 때문이다. 업무를 효율적으로 하기 위해, 품질을 향상시키기 위해 끊임없이 노력했다. 그러한 노력이 시간이 지나면서 더욱 업그레이드 됐고, '국가품질명장'이라는 반열에 오를 수 있는 밑바탕이 되었다.

그들은 능력 향상을 위해 휴가를 내어 학습을 한 것도 아니었고, 업무를 소홀히 한 것도 아니었다. 회사의 일이 차질이 없도록 묵묵히 자신의 업무를 수행하며, 시간을 쪼개어 능력 계발에 힘을 쏟았다. 일과 학습을 병행한 대표적인 모델인 것이다. 일과 학습을 병행한다는 것은 말처럼 쉽지 않다. 그러나 국가품질명장들의 의지와 끈기 그리고 열정을 닮는다면 해내지 못할 것도 아니다.

〈품질로 세상을 바꾸는 사람들〉의 주인공은 품질혁신의 리더 즉, 국가품질명장들이 대부분이다. 이들이 곧 우리가 나아가고자 하는 능력중심사회의 선구자들이다.

능력중심사회 구현을 위해 많은 사람들이 머리를 맞대고 있다. 멀리서 그 답을 찾을 필요가 없다. 바로 그 모델이 우리 곁에 있는 사람들이고 우리와 같이 일하는 사람들이다.

품질과 혁신활동에 미쳐서 나를 바꾸고, 기업을 바꾼 이들의 눈물겨운 도전과 노력은 우리 사회가 나아가야 할 길이 어디인지 잘 알려주고 있다. 그들에게서 능력중심사회 구현의 길을 찾아보고, 미래의 꿈을 실현하기 위해 노력하는 사람들에게 희망이 되었으면 한다.

2014년 8월
장 진 환 한국품질명장협회 회장

이 책에서 가장 많이 등장하는 용어가 '품질분임조'이다. 품질분임조란 기업의 경영성과와 직결되는 원가절감, 품질 및 생산성 향상, 고객만족 등을 위해 자주적인 개선활동을 실시해 현장의 문제를 해결함으로써 품질 향상에 기여하는 10명 내외의 소그룹 활동을 말한다. 이러한 품질분임조의 리더를 분임조장이라 부르며, 함께 개선활동을 하는 사람들을 분임조원이라고 한다.

한국표준협회는 품질분임조 활성화를 위해 1965년에 'QC(Quality Control) 서클 요령 및 강령'이라는 책을 최초로 발간했다. 1975년 2월에는 공업진흥청에 품질관리추진본부가 설치됐다. 한국표준협회가 그 실무를 담당할 품질관리추진본부 사무국으로 지정되면서 그해부터 품질분임조활동이 본격화됐다. 그 이전까지는 몇 몇 기업에서 개별적으로 도입해 운영했지만 운영 형태가 조직적이지 못했다.

1975년 한 해 동안 한국표준협회에 등록된 품질분임조 수는 1,257개였다. 현재는 약 9,200개 사업장에서 5만 5천여 개의 품질분임조가 등록되어 있으며, 활동 인원은 약 56만 명에 이른다. 연간 10만 여건의 개선 과제 해결을 통해 품질분임조가 창출하는 경제효과는 약 2조 7천억 원이다.

품질분임조가 추진한 개선활동 우수사례를 발표하고, 공유하기 위해 해마다 '전국품질분임조경진대회'를 개최하고 있다. 품질분임조가 본격화된 1975년부터 시작된 '전국품질분임조경진대회'는 각 지역별 예선을 통과한 분임조들이 겨루는 '산업계의 전국체전'이다. 품질분임조들은 각각의 사업장에서 개선 과제들을 해결하면서 성과를 창출하고 있으며, 분임조경진대회에서도 좋은 성적을 거두기 위해 많은 준비와 노력을 기울인다.

특히, 2014년은 전국품질분임조경진대회가 시작된 지 40년이 되는 해로 그 동안의 품질분임조 역사를 돌아보고 앞으로의 미래를 그려보는 중요한 한 해가 되고 있다. 품질분임조. 그들이 어떻게, 얼마나 많은 땀을 흘리고 있는지 그리고 어떤 성과들을 이루어 내고 있는지 여기에서 그들의 생생한 이야기를 들어보기로 한다.

Contents

1장

내 인생 최고의 선택 : 분임조!

분임조활동, 나의 인생을 바꾸다
박봉상 품질명장 두산중공업 창원공장

명장은 현장에서 실력으로 말한다
정병진 품질명장 한국조폐공사 화폐본부

품질활동으로 '장벽'을 뛰어넘다
전덕형 품질명장 풍산 울산사업장

인생 3막과 분임조
황영석 품질명장 삼남석유화학

분임조활동,
나의 인생을 바꾸다

박봉상 품질명장 두산중공업 창원공장

- 1958년 출생
- 現 원자력3공장 기술수석차장
- 2011년 신지식인 선정(지식경제부)
- 2005년 국가품질명장
- 1995년, 1997년, 2001년, 2012년 전국품질분임조경진대회 4회 금상 수상

창원의 타워팰리스

창원의 '타워팰리스'라고 불리는 최고의 주상복합 아파트. 창원 시
내가 한 눈에 내려다보이는 이곳 18층에 두산중공업 박봉상 명장의 집
이 있다.

보증금 10만 원에 월세 6만 원 짜리 단칸방에서 처음 신혼살림을 시
작했을 때만해도 꿈조차 꿀 수 없었던 삶이다. 시골의 가난한 집 장남
으로 태어나 동생들 뒷바라지하느라 중학교를 졸업하자마자 바로

직업 전선에 뛰어든 지 30여 년. 그는 지금 대한민국에서 가장 성공한 기술인 가운데 한 사람이자 젊은 기능인들의 롤 모델로 사내외에서 주목을 받고 있다.

이러한 성공에는 과연 무엇이 있었을까? 무엇보다 그의 성실함과 성공에 대한 강한 의지를 빼놓을 수 없다. 하지만 그는 이 모든 것이 바로 분임조활동 덕분이었다고 말한다. "분임조활동이 없었더라면 아마 오늘의 나도 없었을 것입니다."

강철 분임조의 '금의환향'

'강철 분임조의 전국품질분임조경진대회 금상 수상을 축하합니다.'

어느 날 회사 정문에 커다란 플래카드 하나가 내걸렸다. 강철 분임조가 회사 대표로 전국품질분임조경진대회에 출전해 금상을 받았다는 것을 알리는 내용이었다. 대회를 다녀 온 강철 분임조원들은 개선장군처럼 당당해 보였다.

전국품질분임조경진대회에서 금상을 받은 것보다 더 눈길을 끌었던 것은 그들이 회사로 돌아온 이후 벌어진 일들이었다. 사보에 분임조원들의 자랑스러운 활동 모습이 사진과 함께 여러 지면에 소개됐다. 회사에서는 특별 보너스를 지급했으며 특별 승급 혜택도 주어졌다.

'바로 이거야. 분임조활동을 열심히 하면 내가 원하는 목표를 이룰

수 있겠구나.'

박봉상 명장은 어린 시절 아버지가 지병으로 사망한 이후 할머니를 포함해 8명의 식구를 먹여 살린 사실상의 소년 가장이었다. 동생들을 학교에 보내고 가난에서 벗어나기 위해 자신은 중학교만 졸업하고 사회에 나와서 돈을 벌기 시작했다.

오직 돈을 많이 받을 수 있는 곳이라면 아무리 힘들고 근무 조건이 열악한 곳이라도 마다하지 않았다. 동료들이 데이트를 하러 다닐 때도 박봉상 명장은 작업장에 남아 특근에 야근, 연장근무를 밥 먹듯이 하며

악착같이 돈을 벌었다. 그의 노력 덕분에 동생들 모두 고등학교와 대학교에 진학하게 되면서 간신히 한숨을 돌렸다.

그는 그때까지 가족들을 부양하기 위해 헌신했던 삶에서 벗어나 더 늦기 전에 자신만의 삶을 제대로 한 번 살아보고 싶다는 생각에 고향 선배의 추천으로 1987년 두산중공업의 전신인 한국중공업에 입사했다.

그가 이 회사를 선택한 이유는 이전과 달랐다. 돈 보다는 자신을 위해 충분한 시간을 쓸 수 있는 곳이었기 때문이었다. 이제부터는 8시간만 근무하고 나머지 8시간은 가족이 아닌 자신을 위해 쓰고 싶었다.

틈틈이 책도 읽고 공부도 하면서 늦었지만 새로운 삶을 시작하려고 하던 중 듣게 된 강철 분임조의 입상 소식은 그를 흥분시키기에 충분했다.

"서기를 맡겨주십시오."

"제가 분임조 서기를 해보겠습니다."

"서기를 하겠다고? 그러면 우리야 좋지."

강철 분임조의 입상 소식에 그도 분임조활동을 해보고 싶어 선택한 첫 번째 활동이 바로 서기였다.

1987년 당시 민주화 열풍이 거세게 불던 시절이었다. 분임조 토론 시간이 되면 개선활동에 대한 이야기보다는 민주화 운동이나 회사 상사들을 헐뜯는 잡담이 대부분이었다. 분임조활동은 오로지 서기의 몫이었다. 대부분 분임조원 중에 필체가 좋은 사람을 한 명 뽑아 서기로 임명하고 알아서 정리를 하도록 했다. 분임조장이 시켜서 억지로 하긴 했지만 서로 안 하려고 떠넘기기 일쑤였다. 그런데 마다하기는 커녕 오히려 서기를 하겠다고 자원한 사람이 등장했으니 모두 대환영이었다. 그 때부터 그의 화려한 분임조활동이 시작됐다. 뚜렷한 목표를 가지고 있었던 그는 다른 동료들과는 활동에 임하는 자세부터 달랐다. 다른 사람들은 그냥 스쳐지나가는 것들도 그는 놓치지 않고 족집게처럼 잡아내 개선활동으로 연결시켰다.

똑같은 사물이라도 의지를 가진 사람에게만 보이는 법이다. 개선활동을 열심히 했지만 그것을 문서로 작성해서 정리하는 것은 또 다른 문제였다. 품질관리에 대한 개념과 용어를 제대로 모르니 선배들이 그 전에 작성해 놓은 것을 그대로 베끼거나 비슷한 양식에 숫자만 끼워 맞추는 시간이 한동안 계속 됐다. 남들이 써놓은 것을 보고 배우는 것은 한계가 있었다. 그는 이 한계를 극복하기 위해 품질관리 기법에 대해 공부를 시작했다.

'가방끈'의 길이가 중요할 줄이야

품질관리 기법을 공부하기 위해 관련 분야의 책을 읽고 부서 내 전담자들을 찾아다니면서 그들이 귀찮아 할 때까지 묻고 또 물었다. 출퇴근 길에도 항상 품질관리 책자를 끼고 다니면서 수시로 펼쳐봤다. 하지만 공부를 아무리 해도 알 수 없는 것 투성이였다.

"히스토그램은 뭐고, 또 산점도는 뭐지?"

조금만 하면 될 것 같았던 품질관리 기법 공부는 쉽게 끝이 보이지 않았다. 생전 처음 보는 데다 도저히 알아들을 수 없는 복잡한 용어들이 등장할 때마다 커다란 벽에 부딪힌 것 같은 느낌이 들었다.

'나의 짧은 가방끈이 문제구나.'

박봉상 명장은 부족한 정규 학교 공부가 걸림돌이 된다는 생각에 상급학교 진학을 결심하게 된다. 중학교를 졸업한 지 20여년 만의 일이다.

퇴근 길, 서점에 들러 고등학교 전 과정 교재를 구입하고 그날부터 검정고시 준비에 몰두했다. 회사에서 일을 하고 근무시간 이외에는 분임조활동을 하고, 퇴근 후에는 아내와 각방을 쓰면서까지 검정고시 공부에 몰두했다.

그는 결국 서른일곱의 나이에 고등학교 검정고시에 합격하고야 말았다. 그는 거기서 멈추지 않고 창원기능대학 야간학부에 입학해 뒤늦은 배움의 길을 걸었다.

회사 업무를 하면서 학업까지 병행해야 하는 힘든 길이었지만 분임조활동에 소홀함이 없었다. 오히려 새롭게 배운 학문은 분임조활동에 날개를 달아주면서, 활동 수준도 한 단계 업그레이드됐다. 연말 분임조 등급 심사에서 그가 속한 분임조가 기초 분임조에서 자립 분임조로 한 단계 승급되면서 그 노력이 조금씩 빛을 보기 시작했다.

1993년 부서 발표대회에 처음으로 출전하여 최우수상을 받고 본부 발표대회에서도 최우수상을 수상하여 꿈에 그리던 전국품질분임조 경진대회의 출전권을 획득했다. 부푼 꿈을 안고 처음 출전한 전국품질 분임조경진대회에서 이들은 동상에 그치고 말았다.

꿈에 그리던 첫 금상

1994년 다시 도전에 나섰다. 지난해 실수를 되풀이하지 않기 위해 더 많이 노력했다. 한 시간 일찍 출근해 연습에 연습을 반복했다. 서울 전경련회관에서 열린 전국품질분임조경진대회. 전국에서 모인 기라 성 같은 분임조들과 자웅을 겨룬 끝에 박봉상 명장이 속한 분임조는 꿈에도 그리던 금상의 주인공이 되었다.

회사 정문에 나부끼던 강철 분임조의 플래카드를 보면서 분임조 활동에 뛰어든 이후 꿈을 현실로 이룬 것이었다. 어려움도 많았지만 '무엇이든 노력하면 이룰 수 있다'는 진리를 깨닫게 해준 소중한 순간 이었다.

반장이 다른 부서로 전출을 가면서 박봉상 명장이 작업반장 겸 분 임조장을 맡게 되었다. 이제는 조장으로서 조원들을 이끌어 나가야 했다. 이 때부터 그는 공부하고 구상해왔던 것들을 분임조활동에 하나씩 접목시켜 나갔다. 팀워크를 위해 동료들과 단합과 소통에 힘쓰는 한편, 품질관리 활동의 가장 기본이 되는 '3정 5S' 활동에도 더욱 충실했다.

회사를 설득해 설계를 뜯어 고치다

'뭔가 좋은 방법이 없을까?'

양수발전기 기자재인 터빈 케이스를 제작하는 과정에서 많은 문제가 발생했다. 70%가 용접으로 이루어지는 기자재이다 보니 용접 결함이 많았고, 그 때마다 수정작업을 하느라 시간도 많이 걸렸다.

게다가 기자재 특성상 용접을 내부 밀폐된 공간에서 해야 했기 때문에 작업 환경이 열악하다는 것도 문제였다. 예열 온도가 높아 여름 무더위에 작업을 한 번 하고 나면 작업자들은 거의 탈진이 되다시피 했다. 생산부서 사람들 모두가 꺼려하는 '악성' 작업이었다.

'용접을 안에서 하지 말고 밖에서 하면 좋지 않을까?'

고민 끝에 좋은 아이디어가 하나 떠올랐다. 용접 공정의 위치를 바꾸면 문제의 상당 부분을 개선할 수 있을 것 같았다. 내부에서 하던 용접을 외부에서 하면 작업환경도 크게 좋아질 뿐 아니라 용접 불량도 많이 줄일 수 있다는 확신이 들었다. 하지만 그 과정에는 현장에서 해결할 수 없는 걸림돌이 있었다. 단순히 용접 위치만 바꾸는 것으로 해결되는 게 아니라 아예 제품의 설계 디자인을 개선해야 했다.

당시만 해도 그 부분의 설계는 완전히 독립되지 않아 외국 기술 협력사로부터 기술 지도를 받고 있었다. 설계 디자인을 개선하려면 기술적 검토를 전부 새롭게 하고, 외국 기술 협력사에 확인을 받아야 했다.

생산부서의 제안은 설계부서에서 볼 때 매우 귀찮고 어려운 일이었다. 게다가 만에 하나 잘못 되기라도 하면 큰일이었다.

"이거 꼭 해야 하나?"

"도대체 귀찮고 골치 아픈 걸 왜 하려고 그러는 거야?"

말리면 더 하고 싶은 오기가 생기는 것이 사람의 심리일까? 분임조 자체의 힘만으로 어렵다는 생각이 들자 박봉상 명장은 본부장과 부서 내 임원 공장장 등을 직접 찾아다니면서 내용을 설명하고 타당성을 역설했다.

현장 생산사원의 열정에 감동을 받았는지 경영진에서 관심을 갖기 시작했다. 결국 생산부서에서 만든 25건의 아이디어를 놓고 회의가 열렸다. 담당 임원이 직접 회의를 주관해 설계, 기술, 생산 부서 담당자들이 함께 모여 아이디어를 검토하고 표준화했다. 현장의 아이디어가 설계에 반영된 것이다. 이러한 아이디어들로 과도한 용접을 줄여 생산비용을 크게 낮췄고, 용접 불량률도 떨어뜨렸다. 현장 작업자들도 과거보다 훨씬 편하게 작업을 할 수 있게 됐다.

박봉상 명장은 고생 끝에 빛을 본 이 개선사례로 많은 격려를 받았고, 짭짤한 인센티브도 챙겼다. 그 해 연말 회사경영 방침에 대한 업적이 가장 큰 사람들을 선발하는 자리에서 박봉상 명장은 생산 활동 부분 수상자로 뽑혀 1월 1일 시무식 날 회사 전체 사원 8천여 명이 지켜보는 가운데 사장상을 받는 영광을 누렸다.

또한 이 개선사례로 전국품질분임조경진대회에 두 번째 출전하여 다시 한 번 금상을 수상하는 영예를 안았다. 그리고 바로 그 해 11월, 청와대까지 가게 됐다. 현장에서 개선활동 실적을 많이 올린 뛰어난 기술자로 선정돼 청와대에서 대통령을 만나 담소를 나누고 기념촬영까지 하고 돌아왔다.

이뿐 아니라 경제 신문, 지방 신문, 방송에까지 소개되면서 박봉상 명장이 속한 분임조는 회사는 물론 전국적으로 주목받는 분임조가 되었다. 분임조원 모두가 하나 된 마음으로 각고의 노력이 있었기에 가능했던 결과였다.

현실 안주는 곧 퇴보다

자전거는 계속 페달을 밟아야 한다. 페달에서 발을 멈추는 순간 자전거는 넘어지고 만다. 박봉상 명장은 '현실 안주는 곧 퇴보'라는 생각으로 쉼 없이 달리고 있다.

그에게 전국품질분임조경진대회 '금상'이 최종 목표가 아니었다. 한 가지 목표가 달성되면 또 다른 목표를 세우고 정진해야 직성이 풀리는 성격 때문이다.

2001년도 회사 내 단일 품목으로 규모가 가장 큰 복수기 제작이 있었다. 평소와 같이 작업 착수 한 달 전부터 테마를 정한 후 쉽고 편하며 안전한 작업 방법을 찾는 활동을 시작했다. 처음에는 특별한 문제가 없어 보였지만 꼼꼼하게 살펴보니 의외로 문제가 많이 도출됐다. 근무시간이 끝난 후 매일 2시간씩 회사에 남아 모든 공정의 불합리한 디자인을 바꾸고, 불안전한 작업방법을 쉽고, 편하며, 안전하게 바꾸어 나갔다.

이렇게 찾은 문제를 모두 개선하여 모든 작업공정을 표준화하고 사진이 첨부된 50여 페이지의 표준화 책자를 만들었다. 이 작업을 위해 사용된 필름만도 20통이 넘었을 정도로 모든 분임조원들이 많은 땀을 쏟은 작업이었다. 이 개선활동은 유형효과가 1억 원이나 되었다. 또한 이 개선활동으로 다시 전국품질분임조경진대회에 출전하여 금상을 수상했다.

두산중공업은 전국품질분임조경진대회 10년 연속 금상 수상의 기록을 이어오고 있다. 이 가운데 3회가 바로 박봉상 명장이 속한 분임조의 금상이었다.

매너리즘을 극복한 두산중공업

모든 일이 그러하듯 어떤 일을 꾸준히 추진하다 보면 매너리즘에 빠지기 마련이다. 이럴 때는 또 다른 기폭제가 있어야 한다.

두산중공업은 1980년, 품질분임조를 도입해 전국품질분임조경진대회에서 매년 우수한 성적을 이어가고 있지만 그 과정은 순탄치 않았다. 도입기와 성장기가 지나면서 침체기가 찾아왔다. 어느 날부터 분임조활동은 형식에 치우친 활동으로 낙인이 찍혔다. 그러다 보니 최고

경영자와 임원들의 관심에서 멀어지기 시작했고, 급기야 분임조활동에 대한 희망이 없어 보이기도 했다.

그러던 2003년 어느 날, 분임조활동을 추진하는 부서 관계자들이 그를 찾았다. 분임조활동 활성화를 위해 방안을 논의하기 위해서였다. 그 자리에서 박봉상 명장은 "우리 현실에 맞는 개선 제안활동으로 변화시키자"고 제안했다. 박봉상 명장과 추진부서는 논의 끝에 두산중공업만의 분임조활동을 만들었다. 그것이 바로 '반별활동'이다.

침체되어 있는 개선활동의 동력을 끌어내기 위해 정형적인 추진 기법에서 벗어나 자유로운 형식으로, '브레인 스토밍'을 중심으로 한 토론 위주의 활동으로 바꾸었다. 쉽게 접근할 수 있도록 바꾸자 현장의 반응도 조금씩 변화하기 시작했다. 여기에는 당시 최고경영자의 적극적인 의지도 한몫했다. 추진부서에서 반별활동 수기 공모와 같은 이벤트와 포상제도를 확대하자 현장 사람들은 적극적으로 활동에 임하게 됐다. 이로써 반별활동은 두산중공업의 문화로 자리매김하게 됐다.

한밤 중 빗속을 뚫고 회사로 달려가다

"지금 차 가지고 빨리 우리 집으로 좀 온나."

"와, 무슨 일이고?"

"공장에 들어가 지금 당장 확인해 볼 게 있다."

비가 억수같이 퍼붓던 어느 날이었다. 회사 업무를 마치고 퇴근해서 집에서 쉬고 있던 박봉상 명장은 잠자리에 들기 전 갑자기 좋은 개선 아이디어가 떠올라 잠을 이룰 수가 없었다.

몇 시간만 기다리면 아침에 출근해서 실험을 해봐도 되는데 그 시간을 도저히 기다릴 수 없었다. 당장 현장으로 달려가 해보지 않으면 아이디어가 날아가 버릴 것만 같았다.

비도 오는 야심한 시각에 회사로 다시 들어갈 수 있는 방법도 없었다. 고민 끝에 그는 자동차를 가지고 있는 친구에게 도움을 요청했다. 개선 활동에 미쳐 있던 때의 일이다.

"알겠다. 조금만 기다리거라."

박 명장의 성격을 잘 아는 친구는 그를 위해 야밤에 차를 몰아 공장에 데려다 주기로 했다. 하지만 길에 나가서 아무리 기다려도 오기로 한 친구는 오지 않았다. 차를 기다린 지 한 시간 반이 넘어서야 친구의 자동차가 모습을 드러냈다.

친구의 차는 견인차에 매달린 채였다.

"어떻게 된 기고?"

"오는 길에 자동차 사고가 났다 아이가."

다행히 사람은 다치지 않았지만 가슴 철렁한 순간이었다.

그는 한 가지에 빠지면 미칠 정도로 집중했다. 분임조활동에 빠져 있는 동안은 모든 것이 분임조활동으로만 보였다. TV를 켜도 책을 읽어도 모든 생각과 생활이 분임조활동과 관련됐다.

한 가지에 빠져서 헤어 나오지 못할 정도의 집착과 놀라운 몰입이 그의 성공 비결 중 하나라고 할 수 있다. 분임조경진대회가 열리는 기간이면 대회 기간 내내 휴가를 내어 대회장에서 살다시피할 정도였다. 더 좋은 사례를 배울 수 있는 배움의 장이었기 때문이다.

2000여 권의 책으로 가득 찬 서재

또 하나의 성공 비결을 꼽자면 독서를 빼놓을 수 없다. 그의 집 서재의 책장에는 2천여 권의 서적이 빼곡하게 들어서 있다. 그는 늘 부족한 공부만큼 책이 고팠기 때문에 책에서 멀어지지 않았다. 그를 키워 준 것은 학교가 아니라 책이었다.

그는 지금도 무슨 책이든 손에서 놓지 않는다. 집에서 TV를 보거나 실내에서 간단한 기구로 운동을 할 때도 그 주변에는 늘 책이 놓여 있다. 책이 있어야 마음이 편하다.

독서는 그에게 탐구정신을 심어주었다. 공부를 하고 성적을 올리는 것과 별개로 뭔가 오늘보다 내일은 더 나은 사람이 되겠다고 하는 탐구정신이 그를 끌고 왔다. 그것이 바로 독서의 원동력이었다.

분임조활동과 독서. 그의 인생을 이끌어 온 두 개의 키워드다.

지구력으로 증명한 '10년의 법칙'

박봉상 명장은 누구보다 뜨거운 열정과 강한 의지를 가진 사람이다. 하나에 꽂히면 물불을 가리지 않고 파고들어 집중하는 몰입도가 무서울 정도로 뛰어나다. 하지만 그가 가진 모든 강점을 통틀어 단 하나만 꼽으라면 단연 지속하는 힘, 즉 지구력이다.

어려운 가정형편으로 인해 남들보다 뒤늦은 시기에 공부를 시작했지만 끈질긴 노력으로 앞서 출발한 사람들을 모두 따라잡았다. 뒤늦은 출발을 만회하기 위해서 다른 사람보다 몇 배의 노력이 필요했고, 현장 개선활동의 최고가 되어 자아실현을 해 보겠다는 목표와 꿈을 포기하지 않았다.

아무리 어려운 일이라도 "시작이 있으면 끝이 있다"는 생각으로 끝을 볼 때까지 결코 포기하지 않았다. 전국품질분임조경진대회에서 금상을 4번 받은 것도 놀랍지만 그보다 더 놀라운 것은 10년 동안 분임조경진대회에 한 번도 빠지지 않고 출전했다는 점이다.

그는 '10년의 법칙'이나 '1만 시간의 법칙'처럼 꾸준한 노력의 힘을 믿는다.

Quality Inside

분임조로
재테크하다

박봉상 명장에게는 분임조활동이 인생이고 생활이었다. 그는 분임조활동을 통해서 회사에서 인정받는 사원이 됐다. 또한 회사 밖에서는 자기계발의 방법론으로 적극 활용했다.

심지어 재테크에서도 분임조활동의 방법론을 활용해 큰 성공을 거두었다. 부동산 투자를 하더라도 분임조활동 하듯, 현상을 파악하고 원인을 분석하며 대책을 수립하는 방식으로 진행했다. 그러다보니 실패하는 일이 없었다. 사는 부동산마다 가격이 상승했다. 재테크는 성공적이었다.

과거에 살던 아파트가 오래 돼 재건축을 진행했는데 당시 조합 임원을 맡아 주민들의 신뢰를 한 몸에 받기도 했다. 남들은 대충하는 조합 임원을 맡아 문제점을 파악하고 대책 보고서까지 만드니 함께 일하는 대의원들이 의지를 많이 하고 부동산 공부도 많이 하게 됐다.

부동산에 개선기법을 적용했던 그는 당시 사람들이 재건축 조합장 말은 안 믿어도 박봉상 명장 말은 믿었다. 항상 정립된 논리를 제시하므로…

창원에서는 최초로 재건축을 한 사례였다. 그 당시에 말도 많고 탈도 많아 어려움이 많았지만 창원의 랜드 마크 주거지로 우뚝 서 있는 그곳을 지나칠 때면 박봉상 명장은 많은 자부심을 느낀다.

명장은 현장에서 실력으로 말한다

정병진 품질명장 한국조폐공사 화폐본부

- 1974년 출생
- 現 인쇄3부 과장
- 2010년 국가품질명장
- 2004년, 2009년, 2010년 전국품질분임조경진대회 금상 수상

돈 만드는 남자

"폭력 및 업무 방해 혐의로 해고 조치합니다."

1999년 1월 1일, 정병진 명장은 해고 통보를 받았다. 해고는 직장인이 회사로부터 받을 수 있는 가장 높은 수준의 징계다. 노동조합 간부로써 경산조폐창과 지금은 사라진 충북 옥천조폐창의 통폐합을 반대하는 집회를 주도하고 조합원들을 선동하여 업무를 방해했다는 이유였다.

고등학교를 막 졸업하고 보송보송 솜털 가득한 얼굴로 한국조폐공사에 입사해 '돈 만드는 남자'가 된 지 8년 째, 그의 나이 이제 스물여섯에 불과했다.

20대 중반에 노조운동으로 회사에서 해고된 사람을 받아줄 회사가 대한민국에 과연 얼마나 있을까? 직장으로부터의 해고 조치는 사회적으로 사실상 사형선고나 다름없었다.

말로 표현할 수 없는 커다란 충격을 받았지만 그렇다고 쉽게 좌절할 수는 없었다. 복직을 요구하며 천막농성을 시작했고 법적 소송도 진행했다. 그러던 중 검찰의 공안부장 검사가 파업을 유도했다는 것이 한 신문 기자의 취재를 통해 밝혀지면서 그의 복직은 급물살을 타기 시작했다. 그렇게 지루한 싸움이 시작된 지 꼭 1년 만인 2000년 1월 1일, 전격적으로 복직이 결정되면서 그토록 그리던 일터로 다시 돌아갈 수 있게 됐다.

"이제 모든 것이 끝났다"고 생각했지만 결코 그것이 끝은 아니었다. 그 이후 펼쳐지는 드라마틱함에 비하면 그것은 그저 새로운 시작에 불과했다.

빈 기계 채워주는 '잉여인간' 신세

극적으로 1년 만에 되돌아온 회사였지만 분위기는 생각과 많이 달랐다. 파업에 참여하지 않았던 동료, 파업을 하다 중간에 복귀한 동료, 그리고 끝까지 파업에 참여했던 동료들 사이에 '노노(勞勞)' 갈등이 극심했다.

같은 일터에서 일하는 동료였지만 서로 인사도 하지 않고, 함께 마주 앉아 차 한 잔도 마시지 않을 정도로 마음에 쌓인 벽은 높고도 견고했다. 무엇보다도 그를 더욱 우울하게 만들었던 것은 해고 전에 일했던 자리로 다시 돌아갈 수 없다는 것이었다. 회사로 돌아왔지만 돌아온 게 아니었다.

입사 후 줄곧 일해 왔던 수표 인쇄 부문은 이미 후배나 동료들로 채워져 있었다. 멀쩡히 일하고 있는 그들을 밀어내고 그 자리를 뺏을 수는 없는 노릇이었다.

'시간이 좀 지나면 알아서 자리를 하나 마련해주겠지.'

스스로를 위로하며 긍정적으로 생각하려고 애썼지만 그것은 혼자만의 착각에 불과했다. 그의 생각처럼 그런 기회는 좀처럼 오지 않았다. 마땅히 갈 곳이 없다보니 어느새 하루하루 이 기계 저 기계 빈자리를 채워주는 '잉여인간' 신세로 전락하고 말았다. 자존심 하나로 버텼지만 그것으로는 이겨낼 수 없었다.

'자존심 따위는 버리고 지금부터라도 새롭게 기술을 배워 최고가 되는 수밖에 없다.' 정병진 명장은 마음을 고쳐먹었다. 예전에 일하던 기계에 미련을 갖고 있다가는 아무 것도 안 될 것 같았다.

힘들더라도 원점에서부터 다시 시작한다는 마음으로 새로운 기술을 배워서 다시 당당하게 일하고 싶었다. 아무도 관심을 갖지 않는 곳에서 밑바닥부터 다시 시작하겠다고 단단히 마음을 먹었다.

'상극'인 선배와의 운명적 만남

"선배님과 함께 일을 하고 싶습니다."

정병진 명장으로부터 뜻밖의 말을 들은 여권 인쇄 담당자는 황당하다는 표정으로 그를 쳐다봤다. 순간 아무 말도 하지 못하고 두 사람은 서로를 바라보고만 있었다.

인쇄 기술만큼은 회사 내에서도 최고로 인정 받던 선배였다. 하지만 깐깐하고 고지식한 성격 때문에 그와 함께 일하는 것을 꺼려하는 후배들이 많았다. 게다가 처음부터 파업에 한 번도 참여하지 않았기 때문에 노조 활동을 하면서 파업에 열심히 참여했던 사원들에게는 '공공의 적'과 같은 불편한 존재였다. 그런 상황에서 파업 주동자로 해고까지 됐던, 극과 극이나 다름없는 후배가 함께 일해보고 싶다고 먼저 다가오니 놀라는 것도 무리는 아니었다.

"함께 일하겠다니, 나야 고맙지."

떨떠름한 표정이긴 했지만 그래도 자원해서 일을 하겠다고 나서니 특별히 거절할 만한 이유나 명분은 없었다.

"어쨌든 앞으로 잘 해보자."

이 운명적인 만남이 바로 정병진 명장의 삶을 180도 바꾸어 놓는 결정적인 계기가 됐다.

정 명장은 입사 후 수표를 인쇄하는 현장에서 일을 해왔었기 때문에 여권을 인쇄하는 공정은 조금 낯설었다. 우선 기계 자체가 많이 달랐다. 특히 자동화 비율이 낮아서 일일이 손으로 처리해야 하는 부분이 많았다. 그러다보니 불편한 점이 한 두 가지가 아니었다. 잉크가 너무 진하게 나오면 잉크를 전달하는 잉크롤러의 회전부위에 걸레를 말아서 손에 쥐고 닦아 내야 했다.

귀찮기도 했지만 그보다 너무 위험한 일이기도 했다. 그러던 어느 날 결국 조마조마하던 일이 터지고 말았다.

잘려진 손가락과 분임조활동

"아악! 내 손, 내 손!"

걸레로 잉크롤러를 닦아내던 한 동료의 손이 순식간에 회전부위에 말려 들어가면서 손가락이 절단되는 사고가 발생했다. 정병진 명장도 바로 그 사고현장에 있었다. 그는 동료의 절단된 손가락을 헝겊에 싸서 들고는 급히 병원 응급실로 달려갔다.

병원까지 가는 길, 머릿속이 하얘져서 아무 생각도 나지 않았다. 어쩌면 그 환자가 자신이 될 수도 있었다는 생각에 섬뜩한 기분이 들었다. 응급실로 달려가 긴급하게 손가락 봉합 수술을 받았지만 결과는 좋지 않았다. 그 동료는 결국 원상회복이 안 되어 장애를 가지고 생활을 할 수밖에 없게 되었다.

일터로 다시 돌아왔지만 일하는 것이 두려웠다. 사고가 나기 전에는 잘 몰랐지만 사고 현장을 직접 목격하고 나서는 롤러를 닦아야 할 때마다 혹시나 잘못될까봐 신경이 곤두섰다. 하지만 그와 반대로 작업량은

점점 늘어나고 있었다. 해외여행이 급격히 증가하면서 여권 인쇄 물량도 크게 증가했기 때문에 한 눈을 팔 수 없었다.

그러나 이런 상태로는 도저히 정상적으로 일을 하기 어려웠다. 이때부터였다. 현장에 문제가 있으면 반드시 개선을 해야겠다고 굳게 마음을 먹었다.

분임조활동에 '투신' 하다

"이렇게 한 번 해보면 어떨까요?"

그날 이후 정병진 명장은 시간만 나면 여권 담당자 선배와 함께 다양한 해결 방법을 고민했다. 회사를 위하거나 다른 사람을 위한 게 아니었다. 그 문제를 해결해야만 자신이 마음 놓고 일을 할 수 있겠다는 아주 원초적인 문제였다. 문제 원인을 찾고 개선방법을 찾는 것이 곧 품질분임조활동으로 연결됐다. 회사에 입사할 때부터 자동적으로 분임조에 소속되었지만 정 명장은 회사 생활을 10년 넘게 하면서도 분임조활동을 해본 적이 한 번도 없었다.

활동은커녕 항상 극렬한 반대 입장에 있었다. 노조 활동을 열심히 할 때도 분임조활동을 하면 생산성이 향상된다는 정도는 어렴풋이 알고 있었지만 그로 인해 결과적으로 작업량만 늘어날 뿐이라고 생각했다. 당연히 좋은 시선으로 볼 수 없었다.

하지만 이제는 작업량이나 생산량이 중요한 것이 아니었다. 자신의 안전이 달린 문제였다.

본격적인 분임조활동을 통해 처음 개선하기로 한 것은 바로 동료의 손가락을 잃게 한 여권 인쇄 기계의 롤러 장치였다. 분임조원들도 모두 적극적으로 나섰다.

빛을 이용해 손이 감지되면 기계가 정지하도록 하는 개선안부터 어떻게 하면 기계가 정지하지 않고 안전하게 작업을 할 수 있는가에 대한 방안 등 그동안 생각하지 못했던 아이디어들이 쏟아져 나왔다. 이러한 아이디어를 현장에 접목한 이후 여권 인쇄 기계의 롤러 장치 위험성은 크게 줄었다.

정병진 명장은 이 개선사례로 2003년 사내 품질분임조경진대회에서 최우수상을 수상했고, 2004년 전국품질분임조경진대회에 참가해 금상을 수상하는 쾌거를 이루었다. 당시 함께 분임조활동을 하며 정병진 명장을 품어주고 가르쳐주었던 여권 인쇄 담당 선배는 2014년 1월 1일자로 퇴직했지만 회사 다닐 때 마주치면 가끔씩 그런 이야기를 하곤 했다.

"제 인생을 바꾸어 주어서 고맙습니다."

2억 원 넘는 비용 아끼고 특허출원까지

전국품질분임조경진대회에서 금상을 수상하자 회사에서는 1호봉 특별승급이라는 보상으로 그를 격려했다. 불과 몇 년 전까지만 해도 상상조차 할 수 없는 일이었다.

경영층에 반대하며 머리띠를 두르고 파업을 주도하다 해고까지 당했던 사원이 아닌가. 정병진 명장이 특별승급을 하자 자신보다 오히려 주위 사람들이 더 놀라는 반응이었다. 이후로 그의 품질분임조활동은 탄력을 받았고 개선활동도 거침이 없었다. 왕성한 분임조활동의 결과 또 한 건의 특별한 개선 결과를 얻었다.

여권 보안인쇄 기술과 관련된 개선사례였다. 1996년부터 여권에 사진을 붙이던 방식이 여권 용지에 직접 전사하는 방식으로 바뀌면서 여권 인쇄 기계도 새로 도입됐다. 이 기계는 일반적인 상업용 인쇄기라서 위변조를 방지하기 위한 보안 인쇄기법인 '레인보우' 인쇄를 하기에는 맞지 않았다.

설비 제작 회사에 개선을 요청했다. 견적이 3억 원 가까이 나왔다. 전체 기계 도입 비용의 10%를 훨씬 넘는 금액이었다.

"우리가 직접 해봅시다."

분임조원들과 머리를 맞대고 해결방법을 연구한 끝에 잉크 칸막이 형태를 변경하는 방법으로 문제를 해결했고 특허출원까지 하게 됐다.

이 기술의 파급효과는 엄청났다. 여권 인쇄 기술을 향상시켰을 뿐 아니라 백화점 상품권 등 보안이 중요한 인쇄물들을 대거 수주할 수 있게 했다. 백화점 상품권 시장이 급격히 성장하면서 상품권 인쇄 수요도 크게 증가했지만 국내의 보안 인쇄 수준이 높지 않아 백화점 업체들은 영국 등 해외 기업을 통해서 상품권을 인쇄해왔다.

하지만 한국조폐공사에서 자체적으로 보안 인쇄기술을 개선한 이후 해외로 나가는 물량이 크게 줄었다. 현재는 국내에서 유통되는 상품권의 90% 이상을 제조 공급하고 있으며 해외에도 은행권을 수출하고 있을 정도다.

대회장에서 흘린 눈물

이러한 성과를 바탕으로 큰 기대를 안고 2007년 또 한 번 전국품질분임조경진대회에 도전했다. 정병진 명장과 분임조원들은 두 번째 출전이어서 여유 만만한 표정들이었다.

개선 성과도 뛰어났기 때문에 모두가 대회 이전부터 금상을 확신할 정도로 자신감이 충만했다. 내용도 좋았고 발표도 문제없었다. 발표가 모두 끝나고 난 후 이어진 시상식. 하지만 이 순간 분임조원들 모두의 귀를 의심하게 하는 일이 발생했다.

"한국조폐공사 청송 분임조 은상!"

"은상이라고? 뭔가 발표가 잘못 됐을 거야. 그럴 리가 없어."

기대가 컸던 만큼 실망도 컸다. 실망 정도가 아니라 충격에 가까웠다. 대회에 참석했던 분임조원들은 아쉬움에 눈물을 글썽였고 집에서 인터넷을 통해 발표를 지켜보던 정병진 명장의 아내는 4살 짜리 딸아이를 부둥켜안고 울었다. 그동안 함께 할 시간이 적었던 가족들과 꿈만같은 시간을 보낼 것으로 예상했던 그는 큰 충격을 받았다.

'내가 앞으로 다시는 분임조활동 하나 봐라.'

대회를 마치고 전남 무안에서 경북 경산까지 오는 자동차 안에서 정병진 명장은 다짐하고 또 다짐했다.

분임조활동 '중독증' 환자

'어, 저 기계가 왜 갑자기 정지를 하는 거지?'

야간근무 중 잠시 주어진 휴식시간. 예상치 않게 들려 온 기계 정지 소리에 정병진 명장의 신경이 곤두섰다. 그리곤 마치 조건반사처럼 '어떻게 하면 저 문제를 고칠 수 있을까'하는 질문이 자동적으로 튀어 나왔다. 밤새 잠도 제대로 자지 못하고 생각에 생각을 거듭했다. 그 다음 날도 내내 그 생각이 머리에서 떠나지 않았다.

'이렇게 해 보면 어떨까?'

그렇게 몇 날 며칠을 고민한 끝에 결국 원인을 찾아냈다. 그리고는 그 문제를 해결했다. 그 때 그는 한 가지 중요한 사실을 깨달았다. 이미 자신이 분임조활동이라는 '마약'에 중독되어 헤어날 수 없는 상황이 라는 것을.

그는 상품권 등을 인쇄할 수 있는 보안 인쇄기술인 레인보우 인쇄 개선사례로 2009년 전국품질분임조경진대회에서 다시 한 번 금상을 수상했다. 2년 전의 아쉬움도 모두 씻어낼 수 있었다.

만약 2007년 대회에서 은상이 아니라 금상을 받았더라면 어떻게 됐 을까. 그는 분임조활동을 그 정도에서 만족하고 멈추었을지도 모른다. 하지만 좌절의 상처는 더 많은 노력을 하게 만들었고 지금까지 이루었 던 것보다 훨씬 큰 성과를 거둘 수 있게 했다.

그는 또 2010년 전국품질분임조경진대회에서 '파란 솔방울이 화폐 본부의 버팀목으로 자라기까지'라는 제목으로 청송 분임조의 탄생에서부터 위기, 그리고 극복과 성장 과정을 담은 운영사례를 발표해 금상을 수상하는 쾌거도 거두었다.

우직함으로 얻은 메달

"잠깐만요. 좀 적어 놓고요. 잠깐만요."

정병진 명장은 뭔가를 배울 때마다 모르는 말이 나오면 적고 또 적는다. 프로그램을 익힐 때면 키보드 단축키 하나하나의 쓰임새를 기록

하고 화면이 하나 넘어갈 때마다 화면을 캡처하는 것도 있지 않는다.

특별한 요령이나 요행을 찾으려 해도 찾을 수 없는, 무모할 정도로 정직한 방법이다. 분임조활동 자료를 만들다가 잘 안 되거나 모르는 부분이 생기면 대회에 참가하면서 알게 된 교수들을 찾아가 자문을 구하기도 한다. 아무리 멀어도 개의치 않는다.

대회를 앞두고 지도를 받기 위해 경산에서 광주로 또 전주로 일주일에 세 번이나 오간 적도 있다. 그를 아는 교수들은 그를 항상 '열심히 하는 사람'으로 기억하고 있다. 자신이 참가하지 않더라도 분임조 발표대회가 있으면 찾아가서 참관하고 발표자료 문집을 가져와 자신의 분임조활동 내용과 비교하면서 새로운 아이디어를 얻기도 했다.

정병진 명장은 남들은 한 번 하면 힘들어서 다시는 안 하겠다고 하는 전국품질분임조경진대회에 네 번 출전해 세 번의 금상과 한 번의 은상을 수상했다. 덕분에 회사 내에서도 세 차례에 걸쳐 특별승급도 했다. 이 정도면 분임조활동이 한 사람의 인생을 바꾸어 놓았다고 해도 결코 지나친 표현은 아닐 것이다.

정병진 명장은 분임조활동을 하면서 스트레스를 거의 받지 않았다. 오히려 분임조활동 이야기만 나오면 엔도르핀이 솟을 정도로 신이 났다. 엄청난 노력과 열정이 없었으면 결코 그런 수준에 도달할 수 없었을 것이다. 수많은 경험과 시행착오를 통해서 만들어진 자신만의 단단한 노하우다.

최근 그의 주요 관심사는 한국조폐공사의 특성에 맞는 개선활동을 연구하는 일이다. 이를 위해 'START'라는 이름의 분임조활동 프로세스를 개발 중에 있다. 'START'라는 이름은 한국조폐공사가 글로벌 리더로서 앞으로 100년을 향한 도전을 지금 시작한다는 의미를 담고 있다. 그의 노력이 한국조폐공사의 미래를 만들고 있다.

서른여섯, 어린 나이(?)에
국가품질명장에 오르다

정병진 명장은 분임조활농 분야에서 탁월한 성과를 거둬 2009년 사내 조폐 품질
명장에 선정됐다. 그의 나이 서른여섯 살, 사내 최연소 명장이었다. 그 여세를 몰아
2010년 국가품질명장에 도전했다. 가뜩이나 나이도 어린데, 더 어려 보이는 외모
때문에 심사 과정에서 나이에 대한 질문을 많이 받았다.

"품질명장을 하기에는 너무 젊은 것 아닌가요?"

평가 항목 가운데 개선 실적이나 전국품질분임조경진대회 입상 성적에서는 가산점
이 많았지만 근속연수 면에서는 아무래도 경력이 오래된 선배들에 비해 불리할 수
밖에 없었다. 그는 마음을 편하게 먹었다.

"지금부터 준비해도 5년 정도 걸리면 40대 초반에는 명장이 될 수 있겠지."

운이 맞으려고 그랬는지 2010년부터 국가품질명장 선발 기준이 달라졌다. 그 전
까지만 해도 서류심사만으로 품질명장이 선정됐으나 그해 필기시험이 추가됐다.

정병진 명장은 처음 실시된 필기시험에서 우수한 성적을 거뒀다. 품질명장을 하기
에는 나이가 너무 어리다는 여론도 일부 있었으나 우수한 필기시험 결과로 모든
부정적인 여론을 잠재워 버렸다.

품질활동으로
'장벽'을 뛰어넘다

전 덕 형 품질명장 풍산울산사업장

- 1959년 출생
- 現 PPS추진팀 과장
- 2013년 국무총리상 수상
- 2008년 국가품질명장
- 2005년 품질유공자상(울산광역시장)

인생을 바꾸어 놓은 자격증 한 장

"어디 고압가스 자격증 가진 사람 없습니까? 급한데 사람 구하기가 너무 힘드네요."

1981년 초 어느 날. 풍산 울산사업장 인사담당자는 고압가스 관련 자격증을 보유한 직원을 채용하기 위해 동분서주하고 있었다. 자격증을 가진 전임자가 갑자기 회사를 그만두는 바람에 이를 대체할 새로운 직원이 필요했다.

울산사업장의 경우 고압가스를 많이 사용하는 업무 특성상 고압가스 관련 자격증 소지자를 반드시 채용해야 했다. 법으로 명문화되어 있는 내용이기 때문에 채용이 늦어지면 법적으로도 문제가 될 수 있는 상황이었다. 급하게 채용공고를 내고 사람을 뽑으려고 하다 보니 마땅한 사람을 찾기 어려웠다. 해결책을 찾지 못한 울산사업장 인사 담당자는 계열 회사와 지방 사업장에까지 관련 인력을 찾아달라고 요청해 둔 상태였다.

"아, 여기 우리 쪽에 딱 한 사람 있네요. 전덕형이라고."

경북 경주에 있는 안강사업장에서 연락이 왔다. 직원들의 인사카드를 조회한 끝에 자격증 보유자를 찾아낸 것이었다. 고압가스 자격증을 보유하고 있던 전덕형 명장은 그날로 안강사업장에서 울산사업장으로 전출 발령이 났다.

최우수 점수로 화려한 '신고식'

전덕형 명장은 가난한 집안 형편에 가족들은 물론 조카들까지 부양하느라 고등학교를 졸업하고 바로 취업 전선에 뛰어들었다. 당시 실업계 명문이었던 국립 부산기계공고를 졸업했지만 학력에 대한 사회의 인식은 그의 생각과는 또 달랐다.

고졸자들에 대한 벽을 느낄 수 있었다. 학업에 대한 아쉬움, 배움에 대한 미련에 그는 회사를 다니면서도 손에서 책을 놓지 않고 틈틈이 공부를 했다. 고압가스 자격증도 공부를 해두면 언젠가는 도움이 될 것이라는 생각에 미리 따둔 것이었다.

기회는 준비된 자에게만 찾아오는 법이다. 이 자격증 하나가 자신의 운명을 바꾸어 놓게 될 줄 그 때는 알지 못했다. 입사 5년 차로 안강사업장에 적응을 하고 있었고 함께 일하는 동료들과도 정이 많이 들었던 터라 느닷없는 전출 발령에 그 자신도 당황스러울 수밖에 없었다. 뜻하지 않은 전출이었지만 그는 신입사원으로 직장생활을 시작한다는 마음으로 의욕을 갖고 울산 생활을 시작했다.

당시 울산사업장에는 품질분임조활동이 막 도입되고 있었고 이를 회사 전체에 보급하기 위해 사원들을 대상으로 QC기법 강의를 실시하고 있었다. 그도 사업장을 옮겨오자마자 1주일 간 관련 교육을 받았고 교육이 끝나고 치러진 시험에서 최우수 점수를 받아 상품까지 부상으로 받았다.

강렬한 신고식이었다. 다른 사업장에서 전출을 와 회사 내에 아직 얼굴이나 이름도 잘 알려지지 않을 때였는데 뛰어난 실력으로 단 번에 동료들에게 인정을 받은 것이었다.

노동조합을 결성하라

"우리 회사도 이런 제도가 도입됐으면 참 좋겠네요."

"그러게 말입니다. 직원들은 물론 회사도 발전할 수 있는 길이 되지 않을까요?"

1980년대 초에 들어서면서 사회 곳곳에 민주화 바람이 거세게 불었다. 산업 현장도 예외는 아니었다. 노동조합 결성 붐이 불면서 노동자들도 자신들의 권리에 대해서 관심을 갖기 시작했다.

전덕형 명장은 책을 통해 노동조합의 존재를 접하고는 긍정적인 생각을 갖게 됐다. 노동자들은 떳떳하게 회사에 자신들의 의견을 제시하고 회사는 노동자의 의견을 받아들여 필요한 부분들을 개선해 나간다면 회사와 노동자 모두에게 도움이 되면서 함께 발전해 나갈 수 있을 것이라고 믿었다.

당시 풍산 울산사업장에서 노동조합 결성을 준비하자 그는 준비위원회의 부위원장을 맡으며 노동조합 발족 과정에 적극 참여했다. 하지만 회사 내부의 반대와 직원들의 저조한 참여율 등으로 결국 노동조합 설립까지 이어지지는 않았다. 노동조합을 준비하던 직원들은 회사 측과 면담을 통해 노동조합 대신 노사 협력 채널을 만드는 것으로 합의를 이끌어 냈다.

이를 통해 회사 측으로부터 콩나물 통근버스와 밥 먹는 시간보다 줄 서는 시간이 더 길었던 사원식당 등 직원들이 불편하게 느끼고 있던 공장의 환경을 개선하겠다는 약속을 받아낼 수 있었다. 이 합의 조건들 가운데는 노동조합 결성에 참여했던 직원들에 대해 불이익을 주지 않는다는 조건도 포함되어 있었다.

실추된 명예를 회복하라

"팀장님 도대체 이게 어떻게 된 겁니까? 왜 저만 이런 대우를 받아야 합니까?"

전덕형 명장은 노동조합 결성 사건이 있은 직후 열린 정기 인사에서 황당한 일을 겪게 된다. 동료들 모두가 호봉이 올랐는데 자신만 제자리라는 사실을 알게 된 것이다.

고위직 승진도 아니고 생산직 현장 사원의 호봉 정도는 특별한 결격 사유가 없으면 정기 인사마다 올라가는 것은 일반적인 일이었다. 게다가 그는 회사 내에서도 일 잘하는 사원으로 인정을 받고 있었다. 다른 사람들과 호봉이 비슷하게 올라가도 시원찮을 판에 자신만 호봉이 올라가지 않았다는 사실에 전덕형 명장은 큰 충격을 받았다. 쉽게 납득할 수 없었다.

정확한 이유를 말해주지 않았지만 노동조합 결성을 주도했던 것에 대해 미운털이 '꽉' 박힌 게 틀림없었다. 그것이 사실이라면 큰일이었다. 이번 한 번으로 끝날 일이 아니기 때문이다. 이 회사에서는 아무리 열심히 일을 한다고 해도 제대로 인정 받기 어려울 것 같았다.

'어떻게 해야 하나. 회사를 그만 두어야 하는 것인가.'

그는 이직을 심각하게 고민했다. 당시만 해도 지금처럼 취업난이 심각하지는 않았다. 게다가 어느 정도 경력도 있었고 회사 내에서도 일을 잘한다고 인정을 받고 있었던 터라 마음만 먹으면 회사를 옮기는 것은 그리 어려운 일은 아니었다.

하지만 그는 도망치기보다는 정면으로 부딪히는 길을 택했다. 회사를 그만 두는 대신 회사에 남아서 실추된 명예를 회복하기로 마음먹었다. 물론 쉬운 일은 아니었다. 아무리 일을 열심히 한다고 해도 이미

박힌 미운털을 빼내는 것은 단순히 일을 잘 하는 것보다 몇 배는 어렵고 힘든 일이었다.

승진이나 포상은 상사가 추천을 해줘야 하기에 상사의 영향력이 절대적이다. 상사에게 인정받지 못한 부하 직원은 아무리 발버둥 쳐도 그것을 극복하기란 쉽지 않았다.

'스스로 능력을 발휘하고 그것을 증명하는 방법 밖에는 없다.'

그는 상사의 추천 없이 받을 수 있는 포상이 무엇인지를 알아봤다. 그렇게 해서 알게 된 것이 바로 제안활동과 분임조활동이었다. 이 두 가지만큼은 부서나 상사의 추천 등 그 어떤 외부적인 요인 없이 본인만 잘 하면 받을 수 있는 포상이었다.

'그래 상사가 인정을 해주지 않는다면 이 방법 밖에는 없다. 실력으로 승부하는 수밖에.'

각종 제안상을 휩쓸다

"도대체 전덕형이 누구야?"

제안활동에 몰입하다보니 성과는 금방 나타났다. 회사 내에서 실시하는 각종 제안 관련 상을 휩쓸다시피 했다. 그렇게 해서 받은 상이 40개가 넘었다.

당시 제안활동을 하면 그 성과에 따라 공장장 포상이나 사장 포상을 하고 그 결과를 모든 직원들이 알 수 있도록 중앙 게시판에 게시했다. 그런데 매달 한 번도 빠지지 않고 '전덕형'이라는 이름 세 글자가 게시판에 내걸렸다. 그를 잘 모르는 직원들은 도대체 그가 누구인지 궁금해 했다.

어느 정도는 오기로 시작한 일이었지만 개선활동에 맛을 들이면서 금방 빠져들고 말았다. 한 번 맛을 들이고 나니 은근히 중독성이 있어서 쉽게 빠져 나오지 못하고 몰입했다.

주변의 모든 것들이 개선 아이디어로 보였다. 자판기에서 음료수를 뽑아 마시거나 볼펜을 사기 위해 문구점에 들르는 순간에도 메모지에 무언가를 적고 있는 자신을 발견하고는 놀라곤 했다. 먼저 입고된 상품을 먼저 판매하는 '선입선출'의 진열 아이디어를 떠올렸기 때문이었다. 아이디어를 활용해 기계반의 부품들도 먼저 입고된 것부터 사용될 수 있도록 보관 시스템을 개선했다.

세상이 곧 개선 아이디어의 창고

백화점에서 쇼핑을 하면서도 많은 것을 배웠다. 남들에게는 온 세상의 좋은 물건들이 다 모인 상품의 보고였지만 자신에게는 아이디어의 창고였다.

고객들을 끌어들이기 위해 유통과 마케팅 분야의 전문가들이 높은 안목으로 구성한 백화점 매장은 그 속을 들여다보면 볼수록 배울 것이 많았다. 수많은 상품을 진열하면서도 고객들의 시선을 사로잡고, 사고 싶게 만들고, 원하는 상품을 쉽게 찾을 수 있도록 하는 진열기법을 배웠다.

그 방법 역시 분임조 공구 보관함에 적용했다. 그가 활동했던 강철 분임조의 공구함을 열어보면 처음 와서 작업하는 사람도 쉽게 찾아서 사용할 수 있도록 언제나 깔끔하게 정리가 잘 되어 있었다.

술집에서 술을 마시거나 버스를 타고 가다가 스쳐 지나가는 풍경에서도 아이디어를 얻으면 행여나 잊혀질까 싶어 당장 수첩을 꺼내 메모했다. 집에 돌아와서는 이렇게 메모한 아이디어들을 꺼내보면서 현장에 적용하기 위한 구체화 작업을 했다. 이런 저런 고민을 하느라 새벽 늦게까지 잠을 이루지 못한 날도 많았지만 조금도 힘든 줄 몰랐다.

누군가가 시켜서 한 일이었다면 아마 이렇게 잠을 줄여가면서까지 하지는 않았을 것이다. 자신이 좋아하는 일이었기 때문에 가능한 일이었다.

그는 이것을 운동과 노동의 차이로 생각했다. 운동이나 노동은 몸을 쓰는 활동이기 때문에 힘들기 마련이다. 운동과 노동을 하다가 부상을 당하기도 한다. 하지만 운동은 즐겁고 노동은 괴롭다.

그 두 활동의 사이에는 활동량의 차이가 아니라 생각의 차이가 있었다. 운동은 자신이 좋아하는 일이기 때문에 돈을 주고 해도 스트레스가 풀리고, 노동은 마지못해서 하는 일이기 때문에 돈을 받고 해도 스트레스를 받는다. 개선활동 역시 좋아서 했기 때문에 힘든 줄 모르고 신나게 할 수 있었다.

혼자 잘 되는 것보다 함께 잘 되는 것이 중요하다

그는 분임조활동에서도 두각을 나타냈다. 사내에서 실시하는 개선활동 관련 교육에도 빠짐없이 참석하여 이론적인 무장도 단단히 했다.

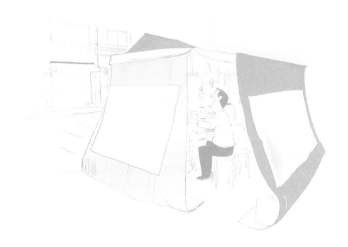

분임조활동은 팀과 동료의 존재에 대해서 다시 생각하는 계기가 되었다. 제안활동은 혼자서도 얼마든지 성취감을 느낄 수 있었지만 분임조활동에서는 모두의 성취감으로 연결돼야 했다. 혼자 잘 되는 것보다 함께 잘 되기 위해서는 팀워크와 배려가 필요하다는 것도 느꼈다.

분임조활동을 위해 QC기법 교육을 받을 때의 일이다. 전 사원을 대상으로 한 교육이었기 때문에 모든 사원들이 교육에 참가했다. 하지만 분임조 내 몇몇 선배들은 전문적인 용어들과 영어 단어들이 등장하는 교육 내용이 어렵다며 당혹스러워했다.

"당최 무슨 말인지 알아들을 수가 있어야지, 원."

당시만 해도 나이 든 선배 사원들 중에는 초등학교나 중학교만 졸업하고 현장에서 일을 하는 사람들이 많았다. 현장에서는 숙련된 기술자들이었지만 이론적인 부분에서는 약했다.

전덕형 명장은 당시 기계반의 막내 사원이었지만 전사 교육을 받고 부서로 돌아와 선배들을 위해 그들의 눈높이에 맞춰 다시 교육 내용을 설명해 주었다. 그 덕분에 분임조원들 모두 교육과정을 무사히 통과할 수 있었다.

어느 날 기계반 반장이 개인 사정으로 회사를 그만두게 되자 담당 과장은 후임 반장을 놓고 고민에 빠졌다. 누구에게 반장을 맡길지 판단이 서지 않았기 때문이었다. 나이, 경력, 능력 등 다양한 요인들이 고려

됐다. 하지만 적임자를 찾을 수 없었다. 결국 고민 끝에 담당 과장이 내린 선택은 전덕형 명장이었다.

"전덕형 씨가 기계반 반장을 좀 맡아 주시오."

당시만 해도 그는 기계반에서 가장 나이가 어리고 가장 경력이 짧은 사원이었다. 의외의 인사였다.

하지만 나이나 경력을 떠나 일을 잘 하는 사원이라는 데 대해서는 어느 누구도 이의를 제기할 수 없었다. 그동안 해 온 제안활동과 분임조활동의 성과들이 그것을 증명하고 있었다.

마음을 주고 신뢰를 얻다

그는 반장이 되면서 분임조장이라는 직책까지 맡게 됐다. 분임조장의 임무를 충실히 수행하기 위해서는 분임조원들의 신뢰를 얻는 것이 필요했다. 신뢰를 얻는다는 것은 곧 그들의 마음을 얻는 것이기도 했다.

전덕형 명장은 분임조원들의 마음을 얻기 위해서 무엇을 해야 할까 고민하다가 좋은 생각을 떠올렸다.

"그래 바로 이거다."

분임조원 대부분이 현장에서는 뛰어난 능력을 지닌 사원들이었지만 자신의 기능과 실력에 비해 문제 해결 능력이 떨어졌다. 게다가 표현력이나 문서 작성 능력이 부족해 좋은 아이디어가 있어도 제안으로 연결되지 않는 경우가 많았다. 분임조원들도 늘 그 점을 아쉬워했다.

"안 될 때는 이렇게 해 보는 것도 좋을 것 같은데."

"아, 그래요? 좋은 아이디어인데요?"

회의 중 누군가가 아이디어를 내면 그 아이디어를 현상, 문제점, 대책 및 실시 내용으로 일목요연하게 정리해 그 사람 이름으로 제안을 해주었다. 회의뿐만 아니라 현장에서 즉흥적으로 나온 아이디어들도 모두 모아서 문서로 꾸며 제안활동으로 올려주었다. 이렇게 낸 제안이 우수 제안으로 채택되면 당사자의 기쁨은 이루 말할 수 없이 컸다.

"내가 낸 아이디어가 이렇게 된 건가? 참, 신기하네."

분임조원 전체가 상장과 시상금을 받게 돼 당사자는 물론 모든 분임 조원들이 기뻐하면서 앞다투어 아이디어를 내는 분위기로 바뀌었다.

제안활동이 활성화되면서 포상금이 제법 모이자 이에 대해서도 정확한 원칙을 세웠다. 시상금 가운데 80%는 공금으로 사용하고 나머지 20%만 제안자 본인이 가져갈 수 있도록 했다.

그렇게 모은 돈으로 분임조원들끼리 단체복도 해 입고 가족 동반으로 여행도 가고 외식도 했다. 그러면서 분임조원들 간의 관계가 더욱 가까워졌고 분임조활동도 더욱 활성화될 수 있었다.

회사 내에서 강철 분임조의 명성도 더욱 높아졌다. 당시 강철 분임조에서 활동했던 젊은 분임조원들 중 3명이 현재 회사 내 설비보전 핵심

파트에서 반장으로 일하고 있다.

찾아가는 맞춤형 메인터넌스

"왜 이 부품은 유독 교체 요구가 잦은 걸까?"

기계반의 주요 업무는 자동차 정비반처럼 공장 내 생산 설비를 유지 보수하는 것이다. 생산팀에서는 사용하던 설비의 부품이 마모되거나 파손으로 이상이 생기면 현품이나 도면을 가지고 와서 가공을 부탁하게 되는데 그럴 때마다 생산팀의 요구에 맞게 부품을 신속하게 고쳐주거나 만들어준다.

전덕형 명장은 생산팀에서 요청하는 것을 고쳐주는 것으로 만족하지 않았다. 한발 더 나아가 분임조원들과 함께 생산팀의 요구사항들을 분석하기 시작했다. 일종의 맞춤형 서비스를 표방한 셈이었다.

특정 부품에 대해서 반복적으로 교체 요청이 들어오는 것은 그 설비 자체에 무언가 문제가 있기 때문이라고 판단했다. 현장에 나가서 문제가 된 설비를 가만히 지켜봤다. 대부분의 경우 30분 정도 보고 있으면 답이 보였다. 아무리 복잡하고 문제가 많은 것도 자세히 들여다보면 아주 간단한 데서 비롯되는 경우가 많았다. 한 번 봐서 안 되면 두 번 보고, 두 번 봐서 안 되면 세 번을 들여다봤다. 반복해서 계속 보면 답이 보였다. 열 번 봐서 답이 안 보이는 문제는 없었다.

"모든 문제는 현장에 있고 답도 현장에 있다."

누구나 알고 있는 말이지만 실제로 현장에 직접 나가는 사람들은 많지 않다. 아는 것과 실천하는 것은 별개의 문제다.

근원을 해결하면 문제는 영원히 사라진다

"130시간까지 사용할 수 있도록 되어 있는데 36시간도 안 돼서 매번 몰드가 파손되고 마네요."

1,100도에서 녹인 동을 사각 모양의 동괴로 만들기 위해 사용하는 몰드가 있다. 동으로 만든 사각틀 안에 그라파이트를 얇게 깐 형태지만 예상 사용시간보다 훨씬 일찍 파손되어 못쓰게 되는 일이 빈번하게 발생했다.

돈도 돈이지만 이 때문에 작업이 지연되는 경우가 많아 피해가 컸다. 원인을 찾으려고 애를 쓰고 여러 가지 방법을 다 써봤지만 소용이 없었다. 이날도 분임조원들과 함께 현장에 나가서 설비를 하염없이 지켜보고 있었다. 그러던 중 한 분임조원이 조용히 입을 열었다.

"혹시 열팽창 계수가 문제가 되는 것은 아닐까요?"

아르키메데스가 물에서 뛰쳐나온 것처럼 순간적인 아이디어였다. 열을 받았을 때 구리와 그라파이트가 팽창하는 정도가 다른데 두 개가 하나로 묶여 있기 때문에 그 차이로 인해 설비가 파손될지도 모른다는 의견이었다.

분임조원들은 당장 그런 특성을 고려해 설비 개선 작업을 실시했고 정말 생각했던 것처럼 열팽창 계수의 차이가 문제의 원인이었음을 확인할 수 있었다. 두 물질의 열팽창 계수 차이를 고려해서 새롭게 몰드를 변경하자 더 이상 그런 문제는 발생하지 않았다.

문제의 근본 원인을 제거하면 다시는 그런 문제가 발생하지 않는다는 것을 잘 알고 있었다. 그렇기 때문에 눈앞에 닥친 문제를 임시방편으로 해결하기보다는 근본적인 문제 해결에 적극적으로 나섰다.

청동 재질로 되어 있는 설비 부품 중 가공을 한 후 사용하면 얼마 후 파손되어 사용할 수가 없었다. 이 문제를 해결하기 위해 직접 청동을 만드는 주조 공장을 방문해 문의를 하고 대체 소재를 찾기 위해 창원의 KIMS 재료연구소까지 찾아가기도 했다. 제품의 표면 평탄도에 중요한 역할을 하는 설비를 연마하기 위해 해당 부품을 들고 부산 시내 여러 중소기업을 찾아가기도 했다.

생산직 사원의 신화를 쓰다

"그동안 현장에서 일을 많이 했으니 이 기회에 사무실에 올라와서 근무를 해보는 것 어때?"

전덕형 명장이 현장에서 꾸준히 탁월한 성과를 내자 담당 과장이 조용히 그를 불렀다. 관리직으로 전환해서 근무를 하면 어떻겠느냐는 것이었다.

현장 사람들은 현장에 있을 때 가장 빛난다. 그렇게 해야 자신의 일에 대한 전문성을 키울 수 있고 덤으로 수당도 더 받을 수 있다.

그 역시 쉽게 현장을 떠날 생각은 없었다. 하지만 지금까지 해보지 못했던 새로운 경험을 해보고 싶다는 도전 정신이 발동했다. 현장에서 보는 것과 관리직에서 보는 것은 또 다를 수도 있다고 생각했다.

나이가 들면 현장 일이 힘들 것이라는 설득도 귀담아 들었다. 그는 결국 직군 전환 시험을 치르고 과감하게 관리직으로 전환했다. 직장 생활의 전반기가 현장의 필드 플레이어였다면 후반기는 관리직 사원으로 변신해 현장 사람들을 지원하는 '도우미'이자 그들을 이끌어주는 '지도자'였다.

"뛰어난 선수 출신은 뛰어난 지도자가 될 수 없다"는 스포츠계의 명언도 있지만 그는 두 가지 인생 모두가 성공적이었다. 울산사업장의 혁신팀 멤버로 사내에 TPM을 도입하고 보급하는 데 앞장섰을 뿐 아니라 현장을 가장 잘 아는 관리직 사원으로서 현장 혁신을 지원했다. 그는 현재 풍산의 혁신팀인 PPS추진팀 TPM 담당 과장으로 울산사업장의 혁신활동을 이끌고 있다.

회사 밖에서는 인재양성을 위해 품질명장협회와 함께 마이스터고

지도와 멘토 역할을 하고 있으며, 중소기업 품질향상을 위해 교육과 지도도 꾸준히 실시하고 있다.

품질분임조활동으로 거대한 벽을 뛰어넘다

전덕형 명장은 자신의 주위에 높게 쳐진 벽들을 제안활동과 분임조 활동이라는 도구를 통해서 훌쩍 뛰어넘었다. 품질분임조활동은 그가 벽을 느낄 때마다 디딤돌이자 사다리가 되었다.

주어진 일을 성실히 하면서 보내는 직장생활도 결코 나쁘다고는

할 수 없을 것이다. 하지만 그는 무의미하게 그냥 왔다 갔다 하며 보내는 삶은 의미가 없다고 생각했다. 그래서 더 노력하고 도전했다. 분임조활동은 생산 현장과 일터를 개선하기 위한 활동이었지만 결과적으로 자기 자신을 바꾸어 놓았다. 분임조활동이 없었더라면 아마 오늘의 전덕형 명장도 없었을 것이다.

풍산에 입사 해 조직원으로 보낸 39년의 세월, 수많은 현장 개선 활동을 통해 가장 크게 바꾸어 놓은 부분을 꼽으라면 어디를 꼽을 수 있을까? 아마 전덕형 명장 자신이 아닐까?

'과장'은 안 돼도, '명장'은 될 수 있다

전덕형 명장은 1976년 11월 고졸 생산직 사원으로 풍산에 입사한 이후 능력을 인정받아 관리직군으로 변경, 현장 사원 전체를 지도하는 자리까지 올랐다. 고졸 생산직 사원으로서는 결코 흔하지 않은 과정이었다. 하지만 딱 거기까지였다.

1999년 대리 진급 이후 10년이 넘게 과장 진급에 실패하면서 그의 성공 가도도 거기서 끝나는 것처럼 보였다. 과장 진급 시험은 잘 치렀지만 항상 진급하고는 거리가 멀었다.

30여 년 전 노조 설립을 주도했다는 이유로 불이익을 받았던 때가 떠올랐다. 그 때는 제안활동과 분임조활동으로 스스로의 능력을 증명해 보이면서 당당히 그 벽을 뛰어 넘을 수 있었다.

스스로의 힘으로 승진의 벽을 뛰어넘을 수 있는 방법은 없을까? 그런 고민 끝에 도전했던 것이 바로 '품질명장'이다. 과장은 스스로의 힘으로 되지 못해도 '명장'은 될 수 있을 것 같았다.

현장을 떠나 있어도 품질명장이 되는데 지장이 없다는 것을 알고 난 후 2008년 뒤늦게 새로운 도전에 나섰다. 그 결과 2008년 품질명장에 선정될 수 있었다. 그는 회사 밖에서 마이스터고 TPM 지도와 멘토 역할을 하고 있으며, 중소기업 교육과 지도 등을 통해 지식을 나누는 활동도 하고 있다.

인생 3막과
분임조

황영석 품질명장 삼남석유화학

- 1962년 출생
- 現 환경안전팀 부장
- 2012년 대한민국 산업포장 수상
- 2011년 삼양그룹 부회장상 수상
- 2006년 국가품질명장

No Pain No Gain

솔개의 수명은 최고 70년이다. 조류(鳥類) 중 가장 장수하는 새로 알려져 있다. 그러나 솔개의 70년 세월이 늘 평탄한 것은 아니다. 태어난 지 40년쯤 되면 솔개는 자신의 삶에서 가장 고통스럽고 중요한 결단을 내려야 한다. 그대로 죽을 것인가, 아니면 고통스런 수행을 통해 30년을 더 사는 갱생에 성공할 것인가.

태어난 지 40년쯤 된 솔개는 부리와 발톱은 길게 자라 끝이 구부러지고 뭉뚝해져 사냥감을 효과적으로 낚아챌 수 없다. 게다가 깃털마저 너무 커지고 굳어져 하늘을 나는 것조차 힘들다.

갱생의 길을 선택한 솔개는 산 정상으로 올라가 둥지를 틀고 고통스런 수행에 들어간다. 가장 먼저 부리로 바위를 쪼아 기존에 있던 부리를 뽑아 버린다. 그러면 서서히 새로운 부리가 돋아난다. 다음에는 새로 돋아난 부리로 뭉뚝해진 발톱을 하나하나 뽑아낸다. 마지막으로 새로 돋은 부리와 발톱으로 날개깃을 전부 뽑아낸다. 이러한 수행 과정은

참기 힘든 극심한 고통이지만 그 과정을 이겨낸 솔개는 완전히 새롭게 변모한다. 그렇게 새로 태어난 솔개는 하늘을 향해 날아올라 30년의 세월을 더 살게 된다.

사람도 누구나 살아가면서 시련을 겪는다. 하지만 누군가는 시련을 극복하여 새로 태어나고 누군가는 시련에 좌절하여 불행한 삶을 살아간다. 황영석 명장에게도 일생일대의 시련이 있었다. 그러나 솔개가 30년을 더 살기 위해 고통스러운 갱생의 과정을 거쳤듯 그 역시 보다 나은 삶을 위해 고통스러운 갱생의 과정을 이겨내야 했다.

삼남석유화학, 악연인가? 인연인가?

1989년 7월 1일, 스물아홉의 나이에 삼남석유화학에 입사한 황영석 명장은 행복했다. 하지만 그로부터 몇 개월 후 그에게 갑작스런 불행이 찾아들었다. 신축 공장에서 작업을 하던 중에 전신 3도 화상을 입는 끔찍한 사고를 당했기 때문이다.

얼굴과 온 몸에 붕대를 칭칭 감은 채 하루 종일 병원 침대에만 누워 있는 시간은 오히려 나았다. 거의 매일, 마취도 하지 않은 상태에서 화상 부위를 소독하고, 붙어버린 손가락을 절개하는 수술을 연거푸 받아야 했다. 그 3개월의 시간은 황영석 명장에게 삶과 죽음을 생각해야 할 만큼 극한의 고통이었다.

퇴원을 했어도 화상의 통증은 사라지지 않았다. 통증도 견디기 어려웠지만 이보다 더 그를 옴짝달싹 못하게 옭아맸던 것은 이십대 '꽃다운 청년'이라는 나이가 무색할 정도로 무너져버린 외모였다. 거울을 볼 때마다 울컥울컥 자살 충동을 토해내게 할 만큼 심하게 바뀐 외모는 황영석 명장의 극심한 콤플렉스로 자리 잡았다. '청춘(靑春)'을 만끽하기에도 모자란 나이에 깊은 좌절에 빠졌다.

그러나 언제까지 좌절의 늪에 빠져 있을 수만은 없었다. 포기하기엔

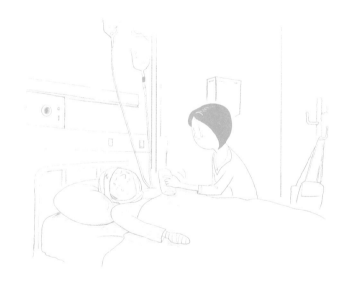

청춘이 너무 아까웠고 살아가야 할 시간은 너무 많았다. 황영석 명장은 가장 큰 두려움이었던 대인공포증부터 치료했다.

거울을 보며 웃는 연습을 하고 스스로 '이 정도의 흉터는 아무 것도 아니다'며 주문을 외우고 또 외웠다. 불행 중 다행히 연이어 받은 수차례의 수술 덕분에 얼굴의 화상 흉터는 희미해졌지만 상반신의 흉터는 25년이 지난 지금도 여전히 남아 있다.

그는 아직도 술을 잘 마시지 못한다. 사고 이후 술을 한 모금이라도 하면 화상 치료를 위해 이식한 피부에 열이 올라 견딜 수 없는 가려움증이 심해진다.

황영석 명장은 삼남석유화학과 인연을 맺은 후 화상이라는 큰 시련을 맞았다. 그렇지만 그 시련을 견뎌낸 그는, 더욱 단단한 사람으로 바뀌었다. 고통스런 화상 치료와 자신과의 싸움에서 이겨낸 후 세상 밖으로 다시 나왔다.

악연이라며 가슴을 쳤던 황영석 명장과 삼남석유화학과의 인연은 그렇게 다시 시작됐다.

구원의 동아줄 된 분임조활동

그는 회사에 복직하면서 분임조활동을 처음 접했다. 그러나 분임조활동에 대해서는 거의 백짓장이나 다름없었다. 또한 산재 후유증의 고통이 엄습할 때마다 분임조활동 물론 세상 모든 일이 싫어졌다.

그러던 중 동료와 선후배들의 열악한 근무환경이 눈에 들어왔고, 그들의 처우 개선이 필요하다고 생각했다. 이러한 생각은 노동조합 결성으로 이어졌다. 그는 열정적으로 노동운동을 했다. 회사와 지역을 넘나들며 노조 활동을 하던 2001년, 민주노총 화학섬유연맹 여수산단 공동투쟁본부 집행위원장이었던 황영석 명장은 '한전 민영화 반대 투쟁'을 하다 구속이 되었다.

그러나 구속된 지 3일 만에 풀려 나왔다. 구속 당시, 그는 쉽게 풀려 나기 어렵다고 생각했다. 나중에 들어보니 영장실질심사 과정에서 전국품질분임조경진대회 대통령상 수상의 이력이 있어 풀려날 수 있었던 것이었다. 그와 함께 구속되었던 여덟 명의 동료들도 같은 이유로 풀려났다.

황영석 명장은 그때부터 분임조활동이 회사만을 위한 활동이 아니라 자신에게도 든든한 힘이 되어주는 활동이라고 생각하게 됐다.

"분임조활동 해봅시다"

어느 날 밤, 황영석 명장의 아내가 그를 불렀다.

"여보, 당신은 우리 집의 기둥이고 세 아이의 아빠라는 걸 잊지 말아요. 더 이상 당신 신상에 문제가 생기지 않았으면 좋겠어요."

연애시절 황영석 명장을 간호하면서도 눈물 한번 보이지 않았던 사람이었다. 하지만 그날 밤은 달랐다. 잠든 세 아이들의 머리맡에 쪼그려 앉은 그녀의 눈에서 하염없이 눈물이 흘렀다. 절절한 아내의 당부는 그의 변화를 재촉하기에 충분했다. 그 변화가 바로 분임조활동이었다.

노동운동을 그만 두고 2002년 3월, 황영석 명장은 혁신팀 품질분임조 추진자로 자리를 옮겼다. 당시 혁신팀의 이병철 팀장은 그에게 추진자로서 무엇을 하고 싶은지 물었다. 황영석 명장은 구속에서 풀려났을 때를 떠올리며 "우리 회사 전 분임조원들이 대통령상을 수상할 수 있도록 해볼랍니다"라고 말했다.

그러나 상황은 녹록지 않았다. 분임조활동을 위한 제도는 있었지만 활동은 거의 없었다. 직원들 사이에서는 분임조활동은 전국품질분임조경진대회 입상을 위한 일종의 요식 행위이고, 회사 홍보 수단이라는 인식이 팽배했다. 이러한 상황에서 분임조활동을 해보자고 외치는 황영석 명장의 모습은 되레 분임조들의 싸늘한 시선으로 되돌아 왔다.

"대충대충 하면 되지 뭘 그렇게 유난을 떨어요. 노동운동할 땐 언제고 이제 와서 갑자기…."

그는 노동운동으로 단련된 추진력과 친화력, 여기에 화상 후유증을 극복하며 얻은 강한 정신력으로 주변 시선에 아랑곳하지 않고 분임조활동을 해야 한다며 현장사원들을 설득했다.

황영석 명장은 자신의 이야기로 분임조원들과 대화를 시작했다. 노동운동으로 구속됐을 때 자신을 구해 준 것은 분임조활동과 대통령상 수상이었다는 것도 말해 주었다. 분임조활동이 자신과 자신의 가족을 지킬 수 있는 '조커(joker)'였다고 사람들에게 소개한 것이다.

그는 최대한 자신이 지원할 수 있는 데까지 분임조들을 지원했고, 때로는 객원 분임조원으로 활동하며 분임조원들의 마음을 얻으려 노력했다. 그의 고군분투하는 이런 모습이 분임조들의 마음을 움직였다.

"사회자, 제가 하겠습니다"

2002년 삼남석유화학에는 임직원들과 팀장을 제외한 전 직원이 분임조원으로 편성됐다. 분임조 구성원을 5~6명으로 제한했음에도 28개 분임조가 구성되었다.

그럼에도 활동 수준과 성과는 미약했다. 황영석 명장은 이 문제를 해결하기 위해 골몰했다. 다른 기업들의 성공 사례를 공부했지만 이것만으로는 부족했다. 그래서 한국표준협회에서 실시하는 각종 분임조 워크숍에 참석해 다른 기업의 추진자들과 안면을 넓혀 갔다. 그렇게 익힌 다른 기업의 추진자들에게 부탁해 여러 기업을 벤치마킹했다.

그는 어떻게 하면 전국품질분임조경진대회에서 금상을 받을 수 있을까 고민했다. 그러던 중 분임조경진대회 진행을 하는 사회자가 눈에 들어왔다. 사회자는 하루 종일 여러 분임조의 활동 사례를 듣고 심사위원들의 지도와 조언을 들으며, 분임조활동 트렌드를 파악할 수 있는 자리로 보였다. 2004년 전국품질분임조경진대회를 앞두고 황영석 명장은 품질중앙추진본부에 직접 전화를 걸었다.

"전국품질분임조경진대회에서 사회를 맡고 싶습니다."

어처구니없는 제안이었지만 그 이후 그는 매년 전국품질분임조경진대회 사회자로 활동했다. 우수사례와 심사위원들의 조언 및 지도를 꼼꼼히 체크해 삼남석유화학 분임조활동에 참고자료로 활용했다. 이런 노력 끝에 삼남석유화학의 분임조들도 경쟁력을 지니게 되었다.

황영석 명장은 TPM 도입에도 앞장섰다. 장치산업 군에 속하는 삼남석유화학은 설비보전 활동이 반드시 필요했다. 무엇보다 TPM을 도입할 경우 분임조원들이 설비의 메커니즘을 공부해 문제를 찾아 해결하는 역량이 높아질 것이라는 판단에 삼남석유화학은 TPM을 도입했다.

TPM을 도입한 이후 설비 분야에서 개선 성과가 두드러졌다. 전국품질분임조경진대회에서도 TPM 부문에서 좋은 성적이 계속됐다. 또한 삼남석유화학은 여수 국가산업단지 최초로 설비관리 대상을 수상했다.

하나의 스타, 모든 분임조를 스타로 물들이다

황영석 명장은 분임조 활성화를 위해서는 성과 인정과 보상이 필요하다는 점을 회사에 강력하게 주장했다. 그 결과 인센티브 수준이 좋아졌다. 무엇보다 해외연수라는 특전이 생겼다.

성과를 창출한 분임조에게 부러움을 느낄 수 있는 무기(?)를 얻은 황영석 명장은 성과를 낸 분임조에 아낌없이 지원했다. 성과를 창출한 분임조에게 그에 상응하는 포상이 주어지는 것을 지켜본 다른 분임조들은 눈이 휘둥그레졌다. 이후 누가 시키지 않아도 자발적으로 분임조 활동을 했다. 회사에서도 알아주고 포상 혜택도 있으니 안할 이유가 없었다. 분임조경진대회 출전도 서로 경쟁을 하는 분위기로 바뀌었다.

분임조활동에 미쳐 있을 때 대회에 출전하면 이동시간이 아까워 대회장 근처의 대중목욕탕에서 토막잠을 자곤 했던 황영석 명장. 한번은 더러워진 와이셔츠를 빨아 히터 주변에 널어놓고 자다가 화재경보가 울려 목욕탕이 발칵 뒤집힌 적도 있었다. 하지만 그는 또 목욕탕 쪽잠을 자며 분임조를 살폈다.

그러한 시간은 결코 헛되지 않았다. 삼남석유화학은 삼양그룹대회에서 8년 연속으로 최우수상을 수상했다. 이밖에도 삼남석유화학은 노사우수기업상, TPM 우수 기업상, 설비관리대상, 기업혁신 대통령상 등을 수상했다. 그룹 내에서 삼남석유화학의 분임조 위상은 높아져만 갔다.

그가 2013년 현재의 부서로 인사발령을 받기까지 삼남석유화학은

전국품질분임조경진대회에서 금상 14팀, 은상 5팀, 동상 4팀이 수상
했다. 총 28개 분임조 중 23개 분임조가 대통령상을 수상한 것이다.
그가 처음에 약속했던 28개 분임조 모두에게 메달을 걸어주겠다고 장
담한 것은 지키지 못했지만, 삼남석유화학의 역사는 지금도 이어지고
있다.

　분임조원 개인포상에서도 삼양그룹 품질경영추진본부장(부회장)

상 1명, 표준협회장상 9명, 도지사 표창 7명, 전라남도 으뜸장인 3명, 장관상 4명, 대통령표창 2명, 국가품질명장 3명, 산업포장 2회, 철탑산업훈장과 석탑산업훈장 각 1명을 배출했다.

나의 과거, 현재, 미래의 힘, 분임조

황영석 명장은 방송 출연과 강연을 통해 분임조활동에 관련된 내용과 사례를 전파하고 있다. 현재도 분임조경진대회 사회자로 혹은 심사위원으로 전국의 분임조들과 만나고 있다. 한마디로 품질전도사가 된 것이다. 2006년에는 산업계의 꽃이라는 품질명장에도 선정되었다. 뿐만 아니라 삼양그룹 부회장상, 여수시장상, 전라남도 도지사상, 산자부장관상, 한국표준협회장상, 여수국가산업단지공단 분임조경진대회 발족 공로패 등 다양한 단체로부터 감사패와 공로패를 받았다. 2012년에는 국가품질경영대회에서 대한민국산업포장도 수상했다.

화상이라는 큰 사고를 당했을 때만 해도 삼남석유화학과 인연은 악연이라며 큰 주먹으로 가슴을 쳤던 황영석 명장. 그러나 분임조활동을 하면서부터 그 주먹을 펴 박수를 치기도 하고 박수를 받기도 하고 있다.

그는 2013년 부장으로 승진하여 환경안전팀에서 또 다른 도약을 준비하고 있다. 황영석 명장은 분임조는 자신의 과거, 현재를 보다 나은 방향으로 이끌어 준 고마운 존재였다고 말하며, 미래에도 자신을 더

밝게 변화시켜 주는 에너지가 될 것임을 확신하고 있다.

가끔 황영석 명장은 '만약, 분임조를 몰랐다면 지금의 내가 있었을까?'라는 생각을 한다. 분임조라는 것을 알게 되고, 분임조원으로 활동하고, 추진자로서 분임조를 지원하고 이끌었기에 지금의 자신이 있다는 생각에 분임조에 대한 애정은 식지 않는다고 말한다.

그래서일까? 그가 펼치고 있는 인생 3막에서는 그동안 자신이 분임조활동을 통해 누렸던 모든 것을 회사와 지역 사회에 그대로 전해주려고 노력하고 있다.

'가화만사성'이 '사화만사성'

'가화만사성'(家和萬事成)이 '사화만사성'(社和萬事成)으로 이어진다. 삼남석유화학은 매년 연말 분임조원과 그의 가족들을 초청해 공장장이 직접 가족 구성원들에게 대통령상 메달을 걸어주는 가족·초청 전수식을 개최한다.

분임조들이 전국품질분임조경신대회에서 거둔 성과를 가족들에게도 함께 전수하는 행사로 분임조의 성과가 가족의 응원에서 비롯된다는 점을 일깨우고 있다. 직원들과 직원들의 가족까지 회사 구성원으로 느끼게 하는 뜻 깊은 행사이기도 하다.

삼남석유화학 분임조들의 성과가 지속되는 비결은 이처럼 회사뿐 아니라 분임조원들의 가족까지 관심을 갖고 응원하며 격려하는 문화가 있기 때문이다. 이러한 문화가 알려지면서 지금은 타 기업에서 삼남석유화학의 분임조활동을 벤치마킹하고 있으며, 각급 단체와 학교 심지어 군대에서조차 강의 요청이 계속되고 있다.

2장

우리도 이제
박수를 치자

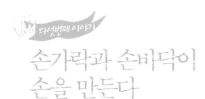

손가락과 손바닥이
손을 만든다

한남진 품질명장 삼성전자 광주공장

- 1964년 출생
- 現 생활가전 품질운영그룹 부장
- 2000년 국가품질명장
- 1993년 전국품질분임조경진대회 금상 수상
- 1991년 삼성전자 전사/그룹대회 최우수상 수상

불광불급(不狂不及) - 미쳐야 미친다

한남진 명장이 청년 시절 가지고 있던 재주라곤 딱 두 가지였다. 그 중 하나는 글씨를 잘 쓴다는 것이었다. 지금이야 글씨를 잘 쓰는 게 딱히 재주라고 볼 수 없지만, 그 시절에는 손 글씨를 대체할만한 것이 마땅히 없었다. 글씨를 잘 쓴다는 이유 하나만으로도 도움되는 구석이 많았다. 군대에 있을 때에도 글씨를 잘 쓴다는 것이 소문이 나 사단장의 명으로 팀 발표를 할 때마다 차트 글씨를 썼다. 1987년 삼성전자에 입사했을 때에도 전지(全紙)를 넘겨가며 발표하던 시절이었다. 그는 회사의 주요 행사때마다 차트 글씨를 도맡아 썼으며, 분임조활동에서도 서기 직책은 항상 그의 몫이었다.

한남진 명장은 이러한 경험 때문에 회사생활에 있어서 업무능력도 중요하지만 개인의 능력을 계발하고 활용하는 것 역시 중요하다고 생각하고 있다. 고비가 찾아오거나 벽에 가로막힐 때, 그런 능력이 돌파구가 된 적도 있었다.

차트 글씨 이외의 그의 또 다른 재주는 무언가에 빠져 미칠 수 있는 능력이다. '불광불급(不狂不及)'이라는 말처럼 미쳐야 미친다는 말을

믿고 그걸 실천할만한 무모함이 그에겐 있었다. 미치기 위해서는 전제 조건이 필요하다. 하나는 그 일을 정말로 사랑해야 하는 것이며 다른 하나는 순수하게 접근해야 한다. 대가를 바라면서 하는 일은 실패했을 때 대책이 없다.

의지와 자신감만으로 안 되는 현실

한남진 명장은 삼성의 합격 통지서를 받아들고 첫 출근을 하던 날의 설렘을 지금도 잊지 못한다. 삼성맨이라는 자부심과 함께 처음 마주한 일은 냉장고 가공부서의 도장(塗裝)라인이었다. 하지만 첫 출근을 하던 당시만 해도 도장이 뭐 하는 건지조차 몰랐다. 자신의 업무가 무엇인지도 몰랐던 사회 초년병이 정해진 규칙과 시간에 맞춰 회사생활을 하는 것은 쉽지 않았다.

의지할 사람 하나 없는 타향에서 설익은 사회 초년병의 마음은 외로움과 고립감뿐이었다. 마침 그때 같은 부서에서 일하던 선배가 품질 분임조활동을 권유했다. 그는 '지금보다는 좋겠지'라는 기대로 분임조 활동에 참여하게 됐다. 역시나 분임조활동은 그에게 변화의 계기가 되었다. 동료와 선배들의 애정 어린 질타와 격려 속에 자연스레 '나도 할 수 있다'는 용기가 생겨났다. '온 힘을 다하면 전국에서 최고로 인정받는 분임조가 될 수도 있겠다'는 막연한 자신감마저 생겼다. 젊은 혈기에 자신감까지 차올랐으니 두려움이 있을 리 없었다.

'기왕 시작했으면 최고의 분임조로 만들어 보자'는 스스로의 다짐을 이루기 위해서라도, 처음 맡게 된 분임조 서기로서의 책임감을 다하기 위해서라도, 그는 '불광불급(不狂不及)'을 생활화했다.

작성되지 않은 분임조 일지는 퇴근 후 밤을 세워 마쳤다. 혼자서 낑낑댄다고 모든 문제가 해결되지는 않았다. 그럴 때면 QC의 기초나 응용 과정을 다룬 책과 씨름하거나 선배들을 찾아 묻고 또 물었다. 그래도 이해가 되지 않을 때는 조, 반장에게 조언을 청했고, 심지어는 본부 QC 추진자에게 자문을 구하기도 하였다.

하지만 현실은 분임조활동과 거리가 멀었다. 매일같이 쏟아지는 공정불량 때문에 잔업을 해야 하는 날이 많았다. 생각은 분임조에 있어도 몸은 잔업과 특근에 얽매어야 했다. 그런 날들이 계속될수록 분임조활동은 멀어져 갔다. 퇴근 후, 녹초가 되어버린 몸을 버티며 억지로 일지를 펼쳐 보았지만 잠을 이기지 못하고 덮는 날들이 많았다.

다른 분임조원들 역시 마찬가지였다. 심지어 업무 이외의 또 다른 업무로 인식하는 분임조원마저 생겨났다. 분임조활동을 왜 해야 하는지 뚜렷한 목적의식 없이 주어진 시간을 때우기 급급한 상황이었다. 그렇게 한남진 명장의 첫 분임조활동은 기대와는 달리 일말의 성과도 없이 흘러가고 말았다.

거북이 분임조와의 운명적인 만남

전환기가 되어준 것은 거북이 분임조를 만나고부터였다. 1989년 회사 차원의 대대적인 조직 개편이 있었다. 동고동락해온 분임조원들과 작별하고 새로운 분임조원들과 함께 하게 되었다. 그 분임조가 바로 거북이 분임조였다. 거북이 분임조의 첫 회합이 있던 날, 한남진 명장은 분임조장이 되었다. 조원 가운데 가장 막내였던 한남진 명장은 한사코 사양했지만 소용없었다. 다른 분임조에서 서기를 하며 보여준 열성이면 충분하니 조장을 맡아달라는 부탁을 차마 뿌리치지 못했다.

그는 덜컥 맡긴 했지만, 막내 된 입장에서 나이 많은 선배들을 잘 이끌 수 있을지 솔직히 자신이 없었다. '괜히 한다고 했나' 싶었지만 후회는 아무리 빨라도 늦는 법이었다.

'어쩌면 이것이 나에게 행운을 가져다 줄지도 모른다.'

마음속으로 주문을 걸며 용기를 북돋웠다. 그렇게 스스로를 다독이다 보니 '좋다. 부딪쳐 보자'는 자신감이 생겨났다. 그 자신감에 더욱 큰 불을 붙이게 된 것은 처음으로 분임조 발표대회를 참관하면서부터였다. 분임조 조장을 맡고 얼마 지나지 않아 분기별로 실시하는 사업부 발표대회에 분임조장 이상은 전원 참석하라는 연락을 받게 되었다.

얼떨결에 참석한 대회에서 세련된 표현으로 일목요연하게 발표를 하는 다른 분임조원들을 보면서 부러움을 금할 길이 없었다. 그 부러움은 모닥불처럼 선명한 목표가 되어 가슴 한 가운데 자리 잡았다.

'두고 봐라. 우리도 반드시 성과를 내서 당당하게 저 자리에 서고야 말거야!'

그날 이후 한남진 명장은 더 이상 망설이지 않았다. 막내라서 흔들리던 불안감도 깨끗이 지워버렸다.

궁한 곳애서 도리어 통한다

최고의 분임조가 되겠노라고 각오를 했지만 가로막는 벽 또한 많았다. 다른 분임조에 비해 거북이 분임조원들의 평균 연령이 높았고 그런 만큼 기혼자(旣婚者) 또한 많았다. 어리고 총각인 한남진 명장과 기혼자 선배들의 생활 패턴에는 차이가 있었다.

그 뿐만이 아니었다. 분임조가 재편성됨에 따라 분임조원 간의 친밀도는 사라졌고 개인주의 또한 만연했다. 주제와 제안 건수도 예전보다 줄었고 분임조에 대한 기본적인 이해 또한 부족했디. 안타깝지만 언제 무너져도 이상할 것이 없는 분임조라는 생각마저 들었다. 실적은 고사하고 침체된 상황에서 탈피하는 것부터가 급선무였다.

그러나 분임조 경력이 짧은 당시의 한남진 명장으로서는 마땅한 해결책을 찾기 힘들었다. 이론서를 뒤적이며 답을 구했지만 이론은 이론일 뿐이었다.

사방이 꽉 막힌 상황에서 돌파구가 되어준 것은 전혀 뜻밖의 것이었다. '궁하면 통한다(窮則通)'라는 말이 있듯이 돌파구가 되어준 것은 분임조활동과는 전혀 상관없는 술자리였다. 대다수 분임조원들이 애주가였던 탓에 술자리는 늘 신나고 생기가 돌았다.

'술자리를 통해서라도 우선 서로의 마음부터 열자.'

한남진 명장은 사비를 털어서 술자리를 자주 마련했다. 술 한 잔 들이키며 분임조원들의 생각과 애로사항부터 들었다. 술자리에서만큼은 분임조원들 또한 속에 감춰두었던 생각들을 솔직하게 털어놓았다. 한남진 명장은 그물망처럼 얽히고설킨 분임조원들의 일상의 중심에 분임조활동을 심어주기 위해 애썼다.

"목표가 생기면 회사생활도 재미있지 않겠습니까?"

외롭게 혼자 하는 목표가 아님을 설명하고, 다 같이 하나의 목표를 향해 가는 분임조활동을 해 보자고 설득했다. 그렇게 술자리가 계속되자 처음에는 시큰둥하던 분임조원들의 반응이 어느새 긍정적으로 돌아서기 시작했다.

모이기까지가 어려웠지 일단 분임조원들의 마음이 하나로 모아지자 다음부터는 쉬웠다. 목표를 세우는 것도, 그 목표를 위해 역할을 나누는 것도, 서로 미루지 않았다. 자연스레 분임조 구호가 만들어졌고, 구체적인 목표와 성과를 위해 한 목소리를 냈다.

"하면 된다. 할 수 있다. 기필코 성취한다."

거북이 분임조의 첫 걸음

거북이 분임조의 첫 번째 목표는 전국품질분임조경진대회에 출전하는 것이었다. 목표를 달성하기 위해 우선 시급한 것은 테마부터 설정해야 했다. 거북이 분임조는 '멀리서 찾지 말고 가까이서 찾아보자'며 평소 불편하게 느꼈던 것부터 이야기했다. 얼마 지나지 않아 화제는 거북이 분임조가 일하고 있는 설비의 불합리로 모아졌다. 유실량이 많고 불량률 또한 10% 이상이었다. 상황이 그렇다보니 매일같이 철야작업을 해야 하는 건 당연했다. 그 즉시 직장과 반장의 조언을 기초로 '냉장고 도장공정 개선으로 불량 감소'라는 활동 테마를 선정하였다.

'도장공정 불량'이란 도장공정 작업과정 중 불합리에 의해 제품 외관에 결점 및 결함이 발생하여 규격에서 벗어나는 제품이 만들어지는 것을 말한다.

거북이 분임조는 먼저 많은 불량과 유실을 발생시키는 근본 원인부터 분석하기 시작했다. 그러기 위해선 작업 공정을 속속들이 파헤쳐 볼 필요가 있었다. 개략적인 공정은 이렇다.

거북이 분임조가 일하는 공정은 냉장고 외면에 지정한 색깔의 페인트를 고루 분사하여 입히는 것이었다. 도료공급실로부터 배관을 통해 페인트를 공급받은 작업자가 스프레이건을 사용하여 제품 표면에 뿌리는(용제도장) 공정이다. 그러다 보니 배관을 바꿔가며 색상을 교체하는 시간이 과다하게 소요되었다. 교체 시간 지연에 따라 라인이 정지되면서 유실이 발생했고, 도포된 페인트가 세팅되어 그대로 작업할 경우 도출량 조절 미스로 인한 불량이 생길 수밖에 없었다.

답은 간단했다. 현재의 개별 배관 교체방식을 원터치(one touch) 교체 밸브화 방식으로 바꾸는 것이었다. 다시 말해 일일이 수동으로

교체하던 방식을 버튼 하나로 자동으로 교체되는 시스템으로 만드는 것이었다. 수채화를 그릴 때, 물감이 묻은 하나의 붓을 계속 물에 헹궈가며 쓰는 것보다 여러 가지 물감이 칠해진 붓을 사용하여 그림을 그리면 속도가 빨라지는 것과 같은 이치다.

개선방안이 마련되기 무섭게 거북이 분임조는 샘플을 제작하고 실험에 들어갔다. 지속적으로 실험을 해 본 결과, 가능성은 충분하다는 결론이 나왔다. 하지만 문제는 기술력이었다. 거북이 분임조원들의 기술력만으로는 도저히 만족할만한 결론을 이끌어낼 수 없었다. 결국 아이디어를 개선팀에 의뢰하여 해당 설비를 제작하기로 했다.

하지만 그 또한 쉽지 않았다. 거북이 분임조의 끈질긴 노력에도 불구하고 자체 공정 작업자의 강한 반발로 차일피일 설비 제작이 지연되었다. 목표를 세웠고 그 답이 머릿속에 그려졌는데도 현실로 나타나지 못하자 답답함은 커져만 갔다.

목마른 이가 우물을 팔 수밖에 없었다. 거북이 분임조는 아이디어가 담긴 도면을 들고 여러 공업사(工業社)를 찾아다니며 제작을 의뢰했다. 지금의 분임조활동과 지원업무에서는 생각할 수도 없는 일이었다. 하지만 안타깝게도 그때는 그랬다. 그렇게 발품을 팔아가며 안간힘을 쓴 다음에야 비로소 '밸브에 의한 원터치 방식의 색상 교체장치'가 탄생하게 되었다.

목표를 이뤄냈다는 기쁨과 함께 해냈다는 보람이 거북이 분임조에게는 큰 힘이 됐다. 이러한 성과에 힘입어 그들은 분임조경진대회에 출전했다. 1차 예선인 수원 분임조발표대회에서 1등은 거북이 분임조 차지였다. 함께 출전했던 전자렌지 사업부의 꽃반지 분임조도 경기도 품질분임조경진대회 출전권을 획득했다.

많은 관심과 격려가 두 팀의 분임조에 쏟아진 것은 당연했다. 그것을 의식할수록 두 개의 분임조는 선의의 경쟁을 펼칠 수밖에 없었다.

1991년 7월 16일, 경기도 품질분임조경진대회가 열린 장소는 수원 상공회의소였다. 장내를 가득 메운 관중들의 열기가 부담스럽긴 했지만 거북이 분임조는 자신 있게 발표를 마쳤다. 내친걸음이라는 말이 있듯이 이번에도 좋은 결과가 있으리라 확신했다.

하지만 결과는 그들의 기대와 달랐다.

'거북이 분임조, 장려상!'

기대가 컸던 만큼 실망 또한 컸다. 한남진 명장은 큰 관심과 격려를 해주었던 직장 상사들에게 죄인이 된 기분이었다. 나머지 분임조원들도 마찬가지였다.

대회가 끝나자 후유증이 여기저기서 나타났다. 고작 이런 평가를 받기 위해 날밤 새워가며 분임조를 하자고 했냐며 넋두리하는 분임조원들도 있었고, 더 이상 분임조활동을 하지 않겠다는 분임조원도 생겨났다. 한남진 명장 역시 분임조활동에 대한 회의감에 휩싸이고 말았다. 그런 거북이 분임조의 패배감에 용기를 북돋워준 것은 회사 CS센터였다.

"회사에서는 색상 교체 장치 개선에 관심이 많아요. 그러니 포기하지 말고 더 완벽하게 개선활동을 해 보세요." 거듭되는 회사의 개선활동 격려에 한남진 명장은 마음을 다잡았다. 이후 분임조원 한 명 한 명을 찾아다니며 그러한 사실을 알렸다.

"경영층에서도 우리가 했던 테마를 아깝게 생각하고 있습니다. 여기서 포기하면 정말 아무것도 아닌게 되어버립니다. 그 동안 우리가 해왔던 노력이 헛되지 않도록 다시 한 번 해봅시다."

고진감래

한남진 명장은 자발적으로 창의적인 아이디어를 낼 수 있도록 제안 통장을 생각해 냈다. 아이디어를 제안하여 채택된 실적만큼 보상금을 통장에 입금시켜주는 것이다.

한남진 명장의 제안 통장 건의는 회사에서 즉각 실현시켰다. 제안 통장을 운영하자 개선 아이디어 제안이 두 배 이상 껑충 뛰었고, 이러한 제안은 대책 수립하는 단계에서 결정적인 역할을 하였다.

    역할 담당 활성화를 위해 개인별 일지를 만들어 문서화하고, 분임조 불량 항목과 개인별 불량 항목을 따로 관리하게 했다. '자기 불량의 개념', '자기 책임의 회피'가 만연한 분임조원에게 불량 관리의 중요성을 인식시키기 위해서였다. 이러한 변화는 분임조원들의 개인 능력 향상으로 이어졌다.

    개선활동의 효율성을 위해 분임조 내에 팀을 구성했다. 팀별 개선 항목을 정하고 문제가 발생하였을 때 원인을 분석하여 따로 기록하였다. 이밖에도 활동일정을 일주일 단위로 나눠 계획, 실시, 확인, 조치에 따른 그래프를 만들었으며, 도장 불량률의 현상을 파악하기 위해 도장

불량 항목별 도표를 만들어 확인하였다.

이러한 변화를 통해 거북이 분임조는 1993년 사내 최우수 분임조로 선정됐다. 또한 전국품질분임조경진대회에서도 꿈에 그리던 금상을 수상했다. 한남진 명장과 거북이 분임조원들은 너나 할 것 없이 부둥켜 안았다. 모두가 눈물을 글썽였고 몇 명은 펑펑 울었다. 부서장도 그 대열에 합류하여 '자랑스런 삼성맨'을 읊조렸다.

한남진 명장은 분임조를 통해 많은 것을 배웠다. 상을 받는 것도 기쁜 일이지만, 그가 진정 기쁘고 보람된 것은 도전 목표를 달성하기 위해 스스로 배우고 터득한 것이다. 이 때문에 그는 지금도 후배들에게 무엇을 얻었느냐고 묻기 보다는 무엇을 배웠느냐고 묻는다.

신경영 두레활동

많은 국민들이 삼성의 혁신을 생각할 때 "마누라와 자식만 빼고 다 바꾸라"는 말을 떠올릴 것이다. 독일 프랑크푸르트에서 삼성 신경영 이 선포되면서 최고 CEO가 한 말이다. 이 시기 한남진 명장은 그간의 성과를 인정받아 생산팀에서 사업부 경영혁신팀으로 옮겨 품질분임 조활동 추진 담당자가 되었다.

회사의 신경영 이념 선포와 함께 각 사업부 역시 아래에서부터의 변화와 혁신을 꾀해야 했다. 변화의 일차적인 대상이 가장 밑바닥 밀알 조직인 분임조였다.

'어떻게 하면 신경영 분임조 혁신안을 수립할 것인가?'

이것이 한남진 명장에게 주어진 임무였다. 분임조원이 아닌 추진 담당자로서 그는 다시 한 번 사활을 걸고 신경영의 성과를 분임조에서 이루어내야 했다. 그 필요성 때문에 석 달 동안 골방에 틀어박혀 만든 것이 '신경영 두레활동'이다.

신경영 두레활동이란 우리 전통 문화인 두레에서 착안해 분임조활동에 적용시킨 것이다. 조상의 얼이 깃든 상부상조의 정신을 바탕으로 너와 내가 아닌 우리라는 개념 속에서 함께 어우러져 활동하자는 뜻에서이다.

기본 개념은 자기 혁신을 통한 이상적인 직장을 구현하는 것이다. 그러기 위해서는 첫째, 자기계발을 통한 개인의 질을 향상하고, 둘째, 체계적인 팀 활동을 통해 업무의 질을 향상하며, 셋째, 자율적인 공정 관리 활동으로 문제를 사전에 예방해야 한다. 그에 따른 추진 체계는 크게 다섯 가지 활동으로 이루어져 있다. 테마 개선활동, 팀 회합 활동, 활성화 활동, 공정관리 활동, 자기계발 활동이 그것이다.

자기계발의 중요성

이 가운데 한남진 명장이 가장 중요하게 생각했던 것이 자기계발

활동이다. 자기계발은 다시 두 가지로 나뉘는데 하나는 순수성 자기계발이고, 나머지 하나는 업무성 자기계발(업무응용기술)이다.

글로벌 시대에 대비하여 어학이나 기술자격증 등을 하나씩 갖게 하는 것이 순수성 자기계발이다. 회사 생활에 쫓겨 자기계발을 소홀히 하면 결국 도태되거나 공허해지기 마련이다. 그것은 글로벌 인재육성이라는 회사의 당면 과제와도 밀접한 관계가 있다. 자기가 맡은 분야에만 기계적으로 일을 잘하는 것은 회사 전체적인 입장에서 전혀 미래 지향적이지 않기 때문이다.

업무성 자기계발(업무응용기술)은 수원의 냉장고 부서가 지금의 광주공장으로 이전되면서 생긴 여러 가지 문제들을 해결하기 위해 탄생했다. 광주공장의 설비와 장비 대부분이 해외에서 건너온 것이었다. 그러다보니 사용법이 미숙해 초기 라인 가동률이 30~40% 정도 수준밖에 이르지 못했다. 오퍼레이터 수준이 너무 낮았기 때문에 그 수준을 끌어올리기 위한 대책으로 실시한 것이다.

설비 역시 사람의 몸처럼 문제점을 제대로 파악하고 그에 맞게 개선을 해주어야 한다. 그런 과정 없이 설비의 효율과 가동생산성이 향상되지 않는다. 이를 위해 각 설비별 담당 오퍼레이터들에게 월, 분기별 설비가동률 향상 목표를 부여했다. 개인별 설비의 고장조치 능력을 향상시키기 위해 자기계발도 실시해 점점 설비전문가가 양성되었고 자연스레 설비문제 또한 해결되었다.

GWP 두레활동이 성과를 거두다

두레활동이 분임조활동과 다른 것이 또 있다면 팀 회합 활동으로 비정규 회합까지 의무화했다는 점이다. 비정규 회합은 분임조원의 생일행사나 수박 먹기 행사 같은 사소하지만 서로 끈끈하게 교류할 수 있는 회합을 말한다. 교육시간을 따로 빼지 않아도 되었고, 정보를 교류하고 개인적인 어려움을 아는 데도 많은 도움이 되었다.

이는 GWP(Great Work Place) 활동의 근간이 되었다. 일하기 좋은 조직문화를 만들기 위해 관계의 질을 개선한다고 해서 GWP 두레활동이라 명명했다. 한남진 명장은 직원들의 지속적인 동기부여 역시 간과하지 않았다. 지원팀의 협조로 개선활동 계좌를 만들어 월 2천만 원의 예산을 편성하여 분임조 개선활동 자재지원금으로 지원하였고, 시상금도 대폭 상향시켰다.

두레활동이라는 새로운 분임조 경영방식이 정착되기까지 많은 고비가 있었다. 분임조경진대회에서도 몇 번이나 고배를 마시곤 했다. 하지만 한남진 명장은 이 두레활동의 효과를 믿었다. 두레활동을 더욱 단단하고 정교하게 시스템화한다면 반드시 새로운 분임조 경영 문화를 만들 수 있다고 믿었다.

지속적인 활동 결과는 마침내 분임조경진대회에서도 결실을 맺었다. 1993년 전국품질분임조경진대회에서 금상을 수상한 후 삼성전자 분임조가 다시 전국품질분임조경진대회에서 금상을 수상하기까지 14년이 걸렸다. 하지만 14년이라는 햇수를 넘어 삼성전자만의 분임조 경영방식인 두레활동을 통해 성과를 거두었다는 점에서 진정한 의미가 있다.

누에고치가 나비가 되어 비상하다

'근치(根治)'란 말 그대로 근본을 치료하는 것이다. 그러기 위해선 정확한 현상을 제대로 파악하고 있어야 한다. 거기엔 그 어떤 욕심이 끼어들어서도 안 된다. 말 그대로 근본을 치료하겠다는 순수한 목적에만 맞춰져야 한다. 사람도 회사도 그런 점에서는 다를 바 없다.

회사가 발전하려면 작은 부분부터 개선을 해야 한다. 개선활동의 중심은 회사의 밀알 조직인 분임조다. 분임조는 손과 같다. 손가락인 분임조원은 손이 하는 일을 제대로 해내지 못한다. 하지만 손가락인 분임조원과 손바닥인 추진 담당자가 만나 손이 되면 사정은 달라진다. 각기 한 방향으로 구부렸다 펼 수밖에 없던 손가락이 손바닥이라는 연결고리를 바탕으로 전혀 불가능했던 일들을 할 수 있게 된다.

집거나 만지고, 쓰거나 만드는 것이 바로 그러한 것들이다. 그러한 것들이야 말로 혁신(革新)인 셈이다. 혁신은 꿈틀거리며 기어 다니던 애벌레가 나비가 되어 하늘을 비상하는 것과 같다. 양적인 변화가 아니라 질적인 변화를 일으켰을 때 비로소 혁신이라고 할 수 있다.

손가락과 손바닥이 모여 손이 되듯 손과 발, 머리, 몸이 하나가 되어야 비로소 인간이 된다. 기업 또한 다르지 않다. 정신과 육체가 하나가 되었을 때 창조적 활동이 탄생하는 것처럼, 노동과 경영이 올곧게 하나로 융화되었을 때 기업의 혁신이 가능해진다. 삼성전자는 그것을 신경영이라고 정의하였고 두레활동을 통해 자리매김했다.

Quality Inside

냉장고 부서에
미친 놈이 있다

분임조활동을 할 때 대책을 세우는 과정에서 우여곡절을 겪는다. 한남진 명장도 여기서 아직도 잊혀지지 않는 에피소드가 있다. 히스토그램에 관한 것이다.

한남진 명장은 분임조활동을 시작할 당시 전문적으로 통계를 배우지 않아 히스토그램을 해석하기가 쉽지 않았다. 다행히 가까운 친구 중 한 명이 그 방면에 대해 잘 알고 있었다. 그래서 그 친구에게 히스토그램을 자주 물어봤다.

회사에서 늦게까지 분임조 일지와 낑낑대다 여느 때처럼 그 친구 집으로 향했다. 히스토그램에 대해 물어보기 위해서였다. 그리고 잠든 친구 집의 문을 두드려 친구를 깨웠다. 미안한 마음이 없었던 것은 아니지만 어쩔 수 없었다. 눈을 비비며 나오는 친구에게 나는 '이 히스토그램을 어떻게 해석해야 되냐'부터 물었다. 그때 그 친구는 버럭 화를 내며 말했다.

"야, 이 미친 놈아. 신혼여행 갔다가 막 돌아와서 자고 있는데 이게 뭔 짓이냐?"

시계를 보니 새벽 2시였다. 총각이면서도 연애는 고사하고 분임조활동에만 미쳐 살았던 한남진 명장은 친구에게 미안했다. 그 친구는 지금도 두고두고 그날을 회상하고 있다.

당시 이 일화는 입소문을 타고 회사에까지 퍼졌고, 그때부터 한남진 명장은 '냉장고 부서의 미친놈'이란 별명을 얻었다.

'합심(合心)'하면 '합심(合諶)'한다

김 송 학 품질명장 현대삼호중공업

- 1960년 출생
- 現 품질경영부 기원
- 2005년 국가품질명장
- 2002년 전국품질분임조경진대회 금상 수상
- 1999년 신지식인 선정(산업자원부)

'위기' 뒤에 '기회'가 찾아온다

하늘이 무너져도 솟아날 구멍이 있다고 했다. 그런데 그 말을 곰곰이 생각해보면 우리에게 시사하는 바가 크다. 집 천장만 무너져도 사람이 깔려 죽는다. 하물며 하늘이 무너진다면 어떨까? 우리는 그리스 신화에 나오는 아틀라스 신이 아니다. 혼자서 무너진 하늘을 지탱할 수 없다. 하지만 많은 사람들이 서서 지탱한다면 비록 그것이 하늘일지라도 솟아날 구멍을 만들어낼 수 있다.

 1997년, IMF가 터졌을 당시 한라중공업 삼호조선소의 하늘이 무너졌다. 수많은 사람들이 희망퇴직을 했으며, 불안을 느낀 노조원들은 두 달 넘게 파업을 계속했다. 회사 업무가 마비될 만큼 사태는 심각했다. 일하고 싶어도 일감이 없어 허탈감에 빠진 채 방황했다.

 노심초사하기는 김송학 명장도 마찬가지였다. 17년간 쉬지 않고 일해 왔던 그에게 이런 일이 일어날 줄은 꿈에도 몰랐다. 공장이 바라다 보이는 금호 방조제 둑에 앉아, 팀원들과 낚싯대를 드리우고 깡

소주를 마셨다. 중심에서 떠밀려나와 홀로 이리저리 떠돌아 다니는 것만 같았다.

하지만 위기 뒤에 기회가 찾아온다고 하지 않았던가. 어려운 시절, 끝까지 회사를 떠나지 않고 함께 위기를 극복했던 사람들이 있었기에 오늘의 현대삼호중공업이 존재하고 있다. 그러한 자부심은 힘들 때마다 김송학 명장을 지탱해주는 버팀목이었다.

'죽더라도 여기서 죽자'

김송학 명장이 자란 곳은 흑산도 가는 길목에 위치한 '도초'라는 섬이다. 소금과 시금치가 많이 나는 가난한 동네였다. 지금에야 굴양식이며 가두리 양식으로 소득 수준이 많이 올랐지만 그때는 누구나 가난을 입에 달고 사는 전형적인 섬마을이었다. 그 가난한 섬에서 5남 1녀 중 차남으로 태어났다. 그런 탓에 집안의 맏이인 형만 대학을 다닐 수 있었고 나머지 형제들은 중학교까지만 다녀야 했다.

집을 떠나 목포로 나온 것은 중학교를 졸업한 후의 일이었다. 김송학 명장은 이 일, 저 일을 가리지 않고 하다가 목포직업훈련원 배관공과에 입학했고, 그때 배운 기술로 거제도에 있는 D조선소에 비정규직으로 입사했다.

직업훈련소를 졸업하고 D조선소에 첫 출근하던 날, 김송학 명장은 지금도 그 날을 잊지 못한다. 거제도라는 낯선 지역과 특유의 사투리가 설레임을 부채질했다. 출근 첫날 안전교육을 받은 게 전부였는데 다음 날부터 현장에 투입됐다. 한창 석유시추선이 시리즈로 건조되고 있던 터라 정신없이 바빴다. 하루가 어떻게 갔는지도 모르게 일을 마치고 숙소에 돌아오니 함께 방을 쓰던 동료 세 사람이 짐을 싸서 떠나고 없었다. 다른 현장에서 일어난 안전사고를 보고 겁을 먹고 가버렸다고 했다. 한 사람이 사망하고 둘이 크게 다쳤다니 어찌 겁이 나지 않았겠는가.

이후로도 한 사람 또 한 사람 조용히 조선소를 떠났다. 그럴 수밖에 없던 것이 조선소가 막 자리를 잡던 시기라 안전사고가 많았다. 김송학 명장 역시 보통 겁이 나는 게 아니었다. 목포로 돌아가서 몸성히 일하자고 설득하는 사람도 있었다. 솔깃하긴 했지만 조선소를 떠날 순 없었다. 그때 당시 목포에는 산업 기반이 전혀 없어서 일할 곳이 없었다.

'멀티 플레이어'가 된 섬 소년

마음을 다잡고 조선소 일을 계속했다. 아마 그때 가방을 들고 조선소를 나왔으면 지금의 김송학 명장은 없을 것이다. 실제 목포직업훈련원에서 같이 공부하던 동기 11명 모두 중공업에 취직을 했는데 지금까지 남아 있는 사람은 김송학 명장 혼자다. 그만큼 당시 조선소의 작업 환경이 좋지 않았다.

그때만 해도 이직으로 봉급을 올리던 때라서 김송학 명장도 3년 정도 근무한 다음 S중공업으로 직장을 옮겨 9년 동안 일했다. 그리고 마지막으로 옮긴 직장이 지금 그가 몸담고 있는 현대삼호중공업이다.

김송학 명장은 한두 가지 직종에만 종사하다 정년을 맞이하는 동료들과 달리 일곱 번이나 직종을 바꿨다. 대개 사람들은 익숙한 것을 좋아해 직종 변경을 하지 않는다. 하지만 김송학 명장은 그게 싫었다. 한 분야에 오래 있으면 그 분야의 전문가는 되겠지만 전체 공정을 꿰뚫어 보는 능력이 떨어진다는 게 그의 생각이었다.

김송학 명장은 다양한 업무를 볼 수 있는 다기능적인 인재가 되기 위해 배관, 용접, 절단, 배재, 공정관리, 품질관리 등 직종을 여러 번 바꿨다. 거기에는 타고난 그의 천성도 한몫 했다.

슬러그를 제거하라

그는 문제를 해결하는 기쁨도 크지만 문제를 해결하기까지의 과정을 즐겼다. 회사에서는 이러한 일련의 과정을 혁신이라고 불렀다.

김송학 명장이 혁신활동에 빠지게 된 가장 큰 이유는 분임조활동을 하면서부터였다. 처음 분임조를 시작한 것은 S중공업에 있을 때였다. 하지만 그때는 일반 분임조원들이 무언가를 해보고 싶어도 여건상 할 수 없는 일이 더 많았다. 상황이 그렇다 보니 회의를 해도 대부분의 분임조원들은 입을 다물었고, 좀 떠든다 싶으면 팀장이었다.

김송학 명장은 언젠가 자신에게 기회가 온다면 수평적이고 자발적인 분임조를 만들어보겠다고 다짐했다. 그 기회는 한라중공업 삼호조선소에 와서야 찾아왔다. 오자마자 절단팀장을 맡으며 자연스레 분임조장까지 하게 되었다. 그는 하고자 했던 소신대로 팀원들과 격의 없는 대화를 이끌어내기 위해 애썼다. 그리곤 당장 보여주기 위한 것이 아니라 우리 팀의 어려움이 무엇인지, 반드시 개선해야 할 주된 문제가 무엇인지 토론했다. 그렇게 해서 팀원들과 함께 개선 목표로 잡은 것이 바로 '절단 찌꺼기인 슬러그 제거 방식에 대한 개선'이었다.

우리나라는 물론 외국의 조선소 철판 절단 가공작업 역시 대부분 가스 절단 가공 방식이었다. 그러다 지난 1985년경부터 일본을 비롯한 선진국에서 플라즈마 절단 장비가 상용화되면서 국내 조선산업에서도 플라즈마 절단 방식을 도입하게 되었다. 가스에 비해 높은 온도를 발생시키는 플라즈마 기법을 도입해 생산성이 높아졌다. 하지만 문제가 없는 것은 아니었다. 가스 절단 가공작업에서는 슬러그가 대부분 산화해 버리기 때문에 작업 정반에 피착되는 슬러그의 양이 적어 처리하기 쉬웠다. 그러나 플라즈마 절단 가공작업에서는 슬러그가 작업 정반에 계속 피착되어 일정량이 쌓이게 되면 작업이 불가능하게 되는 문제가 발생했다. 슬러그는 절단가공부재의 정도 불량, 품질 불량과 슬러그 중량으로 인한 설비고장을 증가시키는 원인이기도 했다.

부득불 슬러그를 제거해야만 했고 제거 방법 역시 수작업이었다. 다른 공정에 지장이 없도록 휴일에 했다. 팀원 전체가 한 쪽 라인만 작업하는 데도 1~2일이 걸렸다. 휴일도 없이 작업을 하고 나면 대부분 몸살을 앓아 출근을 못할 정도였다. 그래서 어쩔 수 없이 토요일만 슬러그 제거를 하기로 했다. 그러다 보니 제거하는 슬러그보다 쌓이는 슬러그가 많았다. 배보다 배꼽이 크다는 말처럼, 철판을 자르는 고유의 일보다 그로 인해 생겨난 찌꺼기(슬러그)를 제거하는 데 더 많은 노동력을 투입해야만 했다.

더군다나 그 일이 모두 수작업으로 해야만 했으니 효율성이 오죽했겠는가. 문제는 효율성에만 있지 않았다. 쪼그리고 앉아 산소절단기로 떨어내다 보니 불똥으로 인한 안전사고도 많았고, 근골격에도 무리가 따랐다. 작업 정반의 철판들 역시 들쑥날쑥해서 온전치 못했다.

귀찮고 손이 많이 가는 일이라 팀원들에게 슬러그 제거 작업을 시킬 때면 늘 미안한 마음이 앞섰다. 팀원들 또한 눈치를 보며 서로 안하려고 했다. 그렇지만 분명한 사실은 누군가는 해야만 한다는 것이었다. 슬러그가 제거되지 않는 한 철판 절단이라는 본연의 일 또한 진행되지 않기 때문이다.

분임조의 개선안으로 슬러그 제거 방식 개선을 선택한 것은 어쩌면 너무도 당연한 결정이었다. 김송학 명장과 분임조원들은 먼저 다른 나라에서는 어떻게 슬러그를 제거하는지 알아보았다. 하지만 다른 나라역시 마땅한 장비가 없는 건 마찬가지였다. 작업자가 직접 땅을 파는굴착기를 동원하거나, 바위에 구멍을 뚫는 에어 브레이크 따위를 사용해 제거하는 정도였다. 제작사에서는 슬러그를 제거하는 대신 2년에한 번씩 작업 정반 전체를 교체하는 것을 권고하였다.

그러나 장비를 교체한다면 연간 약 12억 원 이상이 필요했다. 절단장비는 초기 비용 한 번만 돈이 들어가지만 교체 비용은 한도 끝도 없었다. 회사 입장에서는 골머리를 썩지 않을 수 없었다.

느닷없이 찾아온 위기

회사의 입장에서도, 철판절단 공정을 맡은 팀 입장에서도 슬러그제거의 효율적 방안은 반드시 필요했다. 오랜 회의 끝에 처음으로 고안해 낸 방법은 중장비를 활용하는 것이었다. 일단 부딪쳐보자는 생각에굴삭기 앞에 지그를 달아 슬러그를 긁어냈다. 일단 수작업이 아니어서편하고 좋았다.

하지만 문제가 있다는 것을 금방 깨달았다. 중장비를 사용하다 보니섬세한 작업이 불가능해 베어링이나 체인이 파손되거나 갈라져버렸다. 위에서 찍고 누르다보니 정반이 휘어지기도 했고, 조립한 부분까지 떨어져나갔다. 빈대 잡으려다 초가삼간 태우는 꼴이었다.

안되겠다 싶어 슬러그가 발생하여 침착하기까지의 과정을 자세히 살펴 보기로 했다. 슬러그는 플라즈마의 고온 고압에 의해 밑으로 흘러 달라붙었다. 또한 절단 위치가 균일하여 일정한 위치에 슬러그가 지속적으로 쌓인다는 것을 알 수 있었다. 피착 과정에 이어 슬러그의 결까지 분석해 본 결과 답은 하나였다.

'물리적인 힘이 필요하다'

정반 자체에 문제를 일으키지 않으면서 고르고 빠르게 힘을 가해 슬러그를 제거해낼 방법을 찾아야만 했다. 또 다시 팀원들의 회의가 이어졌고, 급기야 테스트 장비까지 고안해 실험에 들어갔다. 정반의 측면에 유압펌프로 작동하는 실린더를 부착했다. 중장비를 사용할 때보다 부드러웠고 일정한 속도와 힘으로 원하는 방향으로만 슬러그를 밀어내니 한 눈에 봐도 효과가 좋았다.

하지만 테스트 장비인 만큼 완벽한 결과를 도출해내진 못했다. 정반의 폭은 4.5m인데 고안한 도구는 1m까지 밖에 슬러그를 털어내지 못했다. 다시 팀원들과 회의를 계속했다. 김송학 명장은 퇴근도 하지 않고 분임조활동에 매달려주는 팀원들에게 한없이 고마움을 느꼈다. 그만큼 슬러그 제거 문제는 분임조원 모두에게 가장 큰 숙제였다.

몇 개월에 걸친 노력 끝에 드디어 정반 끝까지 좌우로 이동할 수 있는 장비를 고안해냈다. 테스트 결과가 완벽했던 만큼 완벽한 부품으로 조립하여 상용화할 수 있는 슬러그 제거용 신제품만 개발하면 되었다.

그런데 아뿔사! 그 순간에 회사가 부도나고 말았다. 슬러그 제거용 제품으로 특허청으로부터 특허까지 따냈음에도 회사의 사정이 여의치 못했다. 장비를 개발하기는커녕 안팎으로 호된 시련에 휩싸여 다시 일어설 수 있을지조차 불투명했다. 가정을 일궈야 할 가장으로서 답답하지 않을 수 없었다. 당장 먹고살 일이 아득하니 다른 회사를 찾아보자는 팀원들도 있었다.

하지만 김송학 명장은 그럴 수 없었다. 무엇보다 특허까지 따낸 기계를 어떻게든 작업장에 설치해보고 싶었다. 엄청난 자금이 투입되어야 가능한 일이었지만 밑도 끝도 없는 자신감이 있었다. 대한민국 최초, 아니 어쩌면 전 세계 최초로 개발한 기계라는 자부심 때문이었다.

다른 방도를 찾아야만 했다. 그래서 생각해낸 것이 회사에 가공 절단 장비 부품을 납품하는 협력사에게 완제품을 만들어달라고 부탁하는 것이었다. 김송학 명장과 분임조원들은 협력사가 있는 김해에 직접 찾아갔다.

다짜고짜 협력사 사장에게 자신들이 만든 장비의 도면을 보여주며 완제품을 만들어 달라고 부탁했다. 만들어만 준다면 회사를 통해 구입

하는 것은 물론이고 특허권과는 상관없이 협력사에 혜택이 될 수 있는 여러 방안에 대해서도 논의했다. 협력사 사장은 부도난 회사, 그것도 오너가 아닌 일반 직원과의 상담인 만큼 고민하는 기색이 역력했다. '기다려달라'는 답을 듣고 돌아와야 했다. 그로부터 정확하게 4개월 뒤였다. 놀랍게도 테스트 기계를 트럭에 싣고 협력사 대표가 직접 회사로 찾아왔다.

이후 우여곡절 끝에 이 장비를 자동화 장치로 만드는 데 성공했다. 회사의 부도사태까지 겹쳐 6년이라는 오랜 시간이 필요했지만 그동안의 마음고생을 털어내고도 남을 만큼 충분한 자부심을 보상받았다. 특히 개발한 기계를 사용하면서부터 슬러그를 제거하기 위해 시달렸던 육체적 고통에서 벗어날 수 있었다.

이 기계는 회사에도 큰 경영 성과를 안겼다. 슬라트 교체 비용 11억 4,000만 원, 작업 손실액 8,200만 원, 슬러그 제거 비용 5,300만 원 등 직접 생산비 절감 효과만 12억 7,600만 원이었다. 그로 인해 4,536톤의 생산량이 증가하였고 매출액 또한 연간 177억 원이 늘었다. 김송학 명장과 분임조원들이 만들어낸 슬러그 제거기 개발 효과는 연간 190억 원에 달했다. 그러나 이것은 어디까지나 현대삼호중공업에 국한된 것이다. 국내 조선소와 외국의 조선소에 슬러그 제거기가 판매되었을 경우 계산은 달라진다.

이러한 노력의 결과물이 바로 'Auto Slag Cleaning Machine'이다. 이 기계는 특허청에서 주최한 '직무발명경진대회'에서 은상(중소기업청상)을 수상하였고, 김송학 명장은 '신지식인'으로 선정되는 영예를 안았다.

기존 공정관리에 충격

김송학 명장은 슬러그 제거에 대한 개선활동이 효과적으로 마무리

되자 이번엔 다른 직종에서 혁신활동을 하고 싶었다. 공정관리에 관한 혁신활동이었다. 그는 플라즈마 절단과 관련한 일만큼이나 공정관리 역시 잘해 낼 자신이 있었다.

자신감의 원천은 컴퓨터 실력이었다. 일을 시작할 때 그는 컴퓨터 문외한이었다. 그러나 최첨단 NC(설계수치제어) 장비를 보자 덜컥 컴퓨터를 배워야겠다는 생각이 들었다. 그는 무턱대고 386컴퓨터를 산 뒤 책을 보며 독학했다. 날밤을 새워가며 공부한 덕분인지 NC 장비를 보다 쉽게 다룰 수 있었다.

우연인지 운이 따랐는지 2000년에 가공 공정관리 업무로 자리를 옮기게 되었다. 조선소는 공정관리가 곧 생명이다. 공정관리의 순서가 잘못되면 모든 설비와 라인이 중단되고 만다. 배 한 척 만드는 데 보통 100~150만 개의 철판조각이 필요하다. 그 자원들이 수많은 곳에서 생산되고 특정 위치에 모여서 조립된다. 이 복잡한 사항들을 조율하고 계획하는 것이 공정관리이다.

평소 바라던 업무를 하게 된 김송학 명장은 들뜬 마음으로 일을 시작했다. 하지만 막상 공정관리 업무를 해보니 실망스러운 부분이 많았다. 공정관리자는 공정표에 팀에서 이 철판을 절단가공 했는지 안했는지만 체크를 했고, 과장은 그렇게 체크된 공정표를 들고 공정회의에서 각 팀장에게 확인을 시켜줄 뿐이었다. 이처럼 단순 반복적인 업무로 하루를 허비했다. 한마디로 공정 준비일 뿐, 공정관리는 어디에도 없었다. 당연히 실시간으로 공정관리가 이뤄질 수 없었다.

김송학 명장에겐 충격이었다. 이런 단순 노동을 하려고 공정관리 업무를 하고 싶었던 것이 아니었다. 그가 하고 싶은 것은 실시간으로 이뤄지는 공정관리의 큰 그림을 그리는 것이었다. 그는 단순 반복적인 업무에 인력이 소모되는 것을 자동화 시스템으로 대체해야겠다고 마음먹었다. 서둘러 부재관리 시스템부터 만들기 시작했다. 그러자 여기저기서 반대의 목소리가 터져 나왔다.

"기존의 시스템이 있는데 왜 굳이 바꾸시려는 겁니까?"

그들이 말하는 기존 시스템이란 공정관리자가 작업완료 후 작업도 면 하나하나를 일일이 입력하는 것이었다. 이후 아웃풋이 나오면 그것이 맞는지 확인해야 했다. 그 사이 또 다른 절단 작업이 진행되어 버리고 시차는 점점 벌어질 수밖에 없었다. 이런 걸 시스템이라고 한다면 차라리 없는 게 더 효율적이었다.

다시 불씨가 지펴진 공정관리 개선

그 혼자선 완벽한 시스템을 만들기 힘들었다. 새롭게 프로젝트를 수행할 팀이 필요했다. 눈여겨보다 발견한 팀이 천지개벽 분임조였다. 기술운영팀 여섯 명으로 구성된 분임조였다. 컴퓨터에 해박한 팀원이 있을 뿐만 아니라 공정관리와 물류의 베테랑들이었다. 김송학 명장은 이들에게 공정관리 개선을 위한 프로젝트를 함께 해 보자고 설득했다. 오래지 않아 여섯 명 분임조원의 동의를 얻어낼 수 있었다.

이들은 실시간으로 공정관리가 이뤄지는 조선소가 있는지부터 찾아보았다. 벤치마킹을 하고 싶었지만 아쉽게도 공정관리가 그렇게 이뤄지는 조선소는 어디에도 없었다. 조금 더 체계가 잡힌 곳은 있었지만 실시간으로 공정관리가 전산화되고 있는 조선소는 없었다. 슬러그 제거 기계를 개발할 때와 같은 상황이었다.

회의를 거듭한 끝에 일단 엑셀 프로그램을 만들어 인풋, 아웃풋에 관한 데이터 관리부터 시작하기로 했다. 이러한 결과물을 바탕으로 결국에는 현장 작업과 동시에 공정현황이 한눈에 체크되고 통제할 수 있는 전산시스템 계획서를 완성했다. 서둘러 계획서를 부서에 제출하고 부서 전체에 통용될 수 있는 프로그램을 만들어달라고 부탁했다. 하지만 회사가 위탁경영 체제에 있었기 때문에 그 누구도 제안을 거들 떠보지 않았다. 이러한 무관심은 회사가 안정을 찾은 뒤에도 좀체 바뀔 기미가 보이지 않았다.

2002년 한라중공업 삼호조선소가 현대중공업 그룹사로 편입되면서 현대삼호중공업이 되었다. 그동안의 위탁경영 체제를 졸업하고 현대중공업 그룹사의 일원으로 새 출발을 하게 된 것이다. 부도를 겪으면서 존폐의 위기까지 갔었던 한라중공업 삼호조선소의 입장에서는 최선의 결과가 아닐 수 없었다.

포기하고 있던 공정관리 프로그램 개발에 불씨가 지펴진 것은 그로

부터 1년이 지난 후였다. 당시 본부장과 중역 한 분이 찾아와 단도직입적으로 공정을 개선해 볼 방안이 없느냐며 물었다. 공정이 맞지 않아 조선소 바닥이 온통 철판조각으로 뒤덮인 상황이었다.

김송학 명장은 천지개벽 분임조가 1년 전에 구상해 놓았던 계획안을 꺼내 들고 차분히 설명했다.

"모든 조선소는 공정이 생명입니다. 철판을 구매한 것부터 시작해서, 구매한 철판이 배로 운반되고, 운반된 철판을 공정에 따라 인풋과 아웃풋을 체크하는 것까지 실시간으로 관리될 때 회사 전체가 숨을 쉴 수 있습니다. 현장이든 경영진이든 다 같이 실시간으로 공정을 볼 수 있어야 문제점 또한 파악됩니다. 이 계획안이 그러한 시스템을 가능하게 해주는 것입니다."

두 시간에 걸친 브리핑이 끝난 다음날 담당 중역이 계획안을 실행하는 데 필요한 사람이 누구냐고 물었다. 뭐든 지원할 테니 당장 해보라는 주문이 떨어지는 순간이었다. 그렇게 해서 TFT가 구성되었고 먼지에 덮여 있던 계획안 또한 빛을 보게 되었다.

경영층의 지원을 받은 만큼 프로젝트는 탄력을 받았다. 이미 대부분의 계획이 완성된 상태였기 때문에 4개월 만에 프로그램 개발을 끝마쳤다. 이를 회사 전체에 정착하는데 다시 1년이 걸렸지만 효과만큼은 눈부셨다.

새로운 시스템을 도입하기 전까지만 해도 철판에 대한 선 공정을 모두 파악한 뒤에야 후공정을 조사할 수 있었다. 하지만 새로운 시스템이 도입된 후 각자가 조립할 부분의 절단, 가공에 대한 실행 여부를 직접 확인할 수 있게 되어 가공공정 회의를 따로 할 필요가 없었다. 컴퓨터로 입력된 실시간 공정 현황을 누구든 쉽게 확인할 수 있었기 때문이다.

백짓장도 맞들면 낫다

김송학 명장과 천지개벽 분임조는 대회 입상이나 당장 눈에 보이는 실적만을 쫓아 분임조활동을 하지 않았지만, 이를 통해 상을 많이 받았다. 공정관리 시스템을 개발했던 천지개벽 분임조는 사후공정 개선으로 전국품질분임조경진대회에서 금상을 받았고, 김송학 명장은 전라남도 '으뜸장인'으로 선정되었다. 또한 슬러그 제거기 개발에 힘을 쏟아 주었던 윤석태, 박종진 팀장 역시 오랫동안 자신의 영역에서 노력한 결과 '품질명장'에 선정됐다.

분임조활동에서 결코 지나쳐서는 안 되는 것이 분임조원들과 그 이외의 사람들의 능력을 잘 활용하는 것이다. 혼자서 모든 것을 하기보다 필요하다면 서슴지 말고 외부의 도움을 받는 것이 성공의 지름길이다. 김송학 명장은 이 점을 누구보다 잘 지켰다.

어려웠던 시대, 그 속에서 혼자보다는 합심하였을 때 큰 힘이 발휘된다는 사실을 알았다. 국가가 부도위기에 놓였을 때 너나 할 것 없이 금을 모아 세계를 놀라게 하였고, 서해 바다 갯벌이 기름으로 덮였을 때 휴가를 반납하면서까지 기름띠를 닦아냈다.

현대삼호중공업도 마찬가지다. 회사가 문을 닫을 지도 모를 엄중한 부도사태를 노사가 합심하여 잘 극복했다. 직원이 없는 회사가 있을 수 없듯 회사가 없으면 직원 또한 존재할 수 없다.

'종잇장도 함께 들면 가볍다'는 옛말은 분명한 사실이다. 그는 지금도 사람들에게 말한다.

"분임조활동은 혼자 하는 것이 아니다. 함께 하는 것이다."

현대삼호중공업의 혁신활동
'HS - POPS'

현대삼호중공업은 지난 2009년 4월부터 생산팀 단위의 'HS-POPS' 혁신활동을
실시하고 있다. 이를 통해 핵심 혁신활동, 단기혁신활동, 즉실천활동을 전사적으로
시행하고 있으며, 분임조활동도 이러한 체계에 맞추어 진행하고 있다.
핵심 혁신활동은 생산 또는 생산지원 활동 중 부서의 핵심적인 공정을 대상으로
낭비없는 최적의 업무 수행방식을 정립하고자 각 관리, 감독자 및 그 아래의 분임조
가 함께 문제점을 찾고 해결해 나가는 방식을 말한다.
단기 혁신활동은 각 분임조가 특정 공정의 공기 단축, 품질 향상, 투입 공수감소,
자재절감 등을 목표로 실시하는 혁신활동으로서 핵심 혁신활동과 연계하여 추진
하고 있다.
즉실천활동은 단기 혁신활동을 실현하기 위한 현장중심의 개인별 '5S활동'이다.
이러한 체계에 맞추어 실시되는 분임조활동은 경영혁신추진팀의 지원 체제로
운영되고 있으며, 활동 결과에 대한 평가에 따라 포상을 하고 사후관리도 철저히
하고 있다.

분임조, 자주제작실의
히든 가치

박서용 · 조장 한국타이어 대전공장

- 1972년 출생
- 現 제조3팀 PCR2sub팀 조장
- 2013년 전국품질분임조경진대회 금상 수상
- 2010년 전국제안경진대회 금상 수상

분임조원 스스로 설비를 개선

2013년 전국품질분임조경진대회에서 한국타이어 매니아 분임조의 발표를 지켜본 청중들은 '어떻게', '정말', '가능한 일이야'라며 수군거렸다. 게다가 대통령상 금상까지 수상해 다시 한 번 매니아 분임조에 시선이 쏠렸다. 한국타이어 분임조들이 자주제작을 활용해 개선활동을 했다는 사실에 반신반의하면서도 칭찬하며 벤치마킹이 가능한지 묻는 사람들도 있었다.

한국타이어는 블록 생산방식으로 타이어를 생산한다. 각 블록에서 만들어진 부품들을 성형공장에서 결합하는 방식으로 설비 수만 해도 엄청나다. 이렇게 많은 설비들이 성능을 유지하고 효율성을 높이려면 분임조원 스스로 자신이 담당하는 설비에 대해 잘 알고 있어야 한다.

한국타이어가 지난 1997년 TPM을 도입하고 이듬해부터 자주제작실을 운영한 것도 현장사원 즉 분임조원들이 설비를 제대로 알고, 문제를 발견해 직접 개선에 나설 수 있게 하기 위해서다.

한국타이어 현장사원들은 자주제작실에서 자신이 담당하는 설비를

그려보고 모형을 제작하면서 설비의 원리를 터득한다. 또한 문제를 보고 해결할 수 있는 단초를 찾는다. 때에 따라서는 필요한 부품을 직접 가공하여 설비 개선에 적용하기까지 한다.

물론, 한국타이어에도 설비를 유지·보수하고 관리하는 설비보전팀이 있다. 하지만 이들은 주로 계획보전이나 중대 문제를 해결하는 역할을 한다. 대신 현장사원 즉 분임조원들이 자신의 설비를 운영하면서 발견한 작은 문제는 직접 해결해 나감으로써 신속하게 문제를 해소하고 전체 설비의 효율성을 유지해 나가고 있다.

한국타이어 대전공장에서는 실제로 설비 개선활동의 70% 정도를 분임조가 직접하고 있다. 박서용 조장이 활동하고 있는 매니아 분임조 역시 자신이 담당한 설비를 직접 관리하며 문제를 찾고 개선하고 있다.

창의력과 노하우를 전파하는 개선동아리

한국타이어에는 '자주제작 기능과정'이라는 것이 있다. 자주제작 2급과 1급 그리고 심화과정으로 이어지는 3단계 기능과정이다. 한국타이어 생산기능직 근로자는 누구든 자주제작 2급 기능과정을 수강할 수 있다. 2급 수료 후 자주제작 1급 수강이 가능하다. 자주제작 1급을 수료하면 회사에 있는 모든 설비를 직접 개선할 수 있다. 또한 그때부터 자주제작실 이용이 가능하다.

개선노트를 받아 그곳에 아이디어 발상과 제작 과정을 적고 설치한 사진 또한 첨부해야 한다. 자주제작을 통한 개선효과를 구체적으로 적어 제출하는 것이다. 2013년부터는 전산화가 진행되어 분임조 제안 시스템에 개선노트를 입력하면 된다.

마지막 단계는 자주제작 심화과정이다. 1급 수료자 중 지속적인 개선을 하거나 실적이 좋은 사원은 개선동아리에 가입할 수 있다. 같은 공정의 분임조원들끼리 모여 실시하는 분임조활동이 전문성과 협동성 측면에서 장점이 있다면, 개선동아리 활동은 자주제작에 능통한 여러 부서의 사람들이 모여 창의력과 노하우를 공장 전체로 확산할 수 있어 실용적이다.

개선활동이 취미?

"개선동아리 회원들에게 개선활동은 취미생활이다. 휴일에 낚시나 등산을 하듯 개선동아리 회원들은 휴일에 회사에 나와 개선활동을 한다."

박서용 조장도 휴일뿐 아니라 퇴근 후 시간이 허락되면 회사를 찾는다. 개선이라는 취미생활을 제대로 즐기기 위해 설비와 동아리 식구들이 있는 회사가 최적의 장소이기 때문이다.

한국타이어는 제안활동을 장려하기 위해 지원금까지 지급하고 있다. 자주제작을 위한 지원 자금 가운데 일부를 제안활동 지원금으로 지급하는데 제안 내용에 따라 건당 2천 원에서 5만 원까지 지급한다. 제안을 많이 한 사람에게는 '사내 제안왕'이라는 타이틀이 주어진다. 박서용 조장도 사내 제안왕을 위해 월 60건의 제안을 한 적도 있다.

개선동아리 회원들은 취미생활로 개선활동을 하기 때문에 제안도 많이 한다. 자연스럽게 박서용 조장을 비롯해 개선동아리 회원들은 아내에게 용돈을 받지 않아도 주머니를 채울 수 있는 남편들이 되었다.

개선활동이 취미가 된 박서용 조장의 학창시절 꿈은 '작가'였다. 충남기계공고를 나온 그였지만 꿈을 실현하기 위해 중앙대 문예창작학과에 입학했다. 그러나 현실은 냉혹했다. 작가는 고사하고 대학 등록금조차 감당하기 힘들었다. 어려웠던 집안 사정 때문에 그는 어렵게 들어간 대학을 그만뒀다.

돈을 벌기 위해 보일러 대리점, 시설관리공단 비정규직 등 닥치는 대로 일을 했다. 그러나 벌이가 신통치 않았다. 그렇게 직업을 찾다가 연이 닿은 곳이 한국타이어 협력업체였다. 결과적으로 협력업체 입사가 박서용 조장 인생에 있어서 최고의 선택이 되었다. 협력업체를 통해 한국타이어에 입사했기 때문이다. 이로 인해 평생 친구인 분임조활동을 만날 수 있게 됐고, 개선활동이라는 취미를 갖게 됐다.

박서용 조장이 속한 매니아 분임조는 전국품질분임조경진대회 출전을 목표로 삼았다. 대회에 출전하기 위해서는 주제가 필요했다.

그들이 대회 출전을 위해 관심을 가진 것은 라벨링 제도였다. 라벨링 제도란 냉장고나 에어컨과 같이 타이어에도 등급을 매기는 제도로 한국타이어의 목표는 당연히 1등급이다. 하지만 1등급을 받기 위해서는 그에 상응하는 까다로운 심사기준을 통과해야 했다.

박서용 조장과 매니아 분임조는 개선활동은 회사와 한 방향으로 갈 때 성과가 높다는 경험을 수차례 했기 때문에 라벨링 제도와 관련된 개선에 관심을 가졌다.

"1등급을 받는 데 우리가 할 수 있는 것이 무엇일까?"

부적합품률을 줄이는 것이 우선이라고 생각한 이들은 분석부터 실시했다. 조사시점을 기준으로 최근 1년 간 부적합품률의 평균 실적(2,331PPM)이 목표를 넘어선(831PPM) 것을 확인한 매니아 분임조는 "여기서부터"라고 결정했다.

박서용 조장과 매니아 분임조는 부적합품률이 높은 공정부터 찾기 시작했다. 전체 공정 가운데 성형공정의 부적합품률이 가장 높았고, 특히 2차 성형공정의 부적합품률(82.9%)이 대부분인 것으로 나타났다.

쉽게 설명하면 타이어 성형공정은 크게 타이어의 내부 틀을 만드는

1차 공정과 도로와 접하는 면에 단단하게 고무를 입히는 2차 공정으로 나뉜다. 이 두 가지 작업 중 도로와 닿는 외부 면에 고무를 입히고 고유 문양을 새기는 2차 공정에서 불량률이 높았다. 가장 큰 문제는 버클(Buckle)로 인한 코니시티(Conicity)였다. 버클은 고무를 타이어 외부에 감아주는 공정으로 이 때 일정한 압력으로 감지 못하면 타이어의 상부 두께가 균일하지 않게 된다.

코니시티는 기울기로, 버클의 문제는 타이어가 한쪽 방향으로 살짝 기우는 문제를 일으키고 있었다. 이 문제의 원인을 찾아 보니 버클에서는 조인트리스 벨트(JLB)를 포함한 6가지 문제가, 코니시티에서는 4가지 문제가 발견됐다.

박서용 조장은 이 결과들을 들고 공장혁신팀을 찾아갔다. 매니아 분임조에서 해결할 수 있는 문제와 설비보전팀에서 전문적으로 해야 하는 문제를 구분하기 위해서였다. 10가지 중 5가지는 설비보전팀에서 그리고 나머지 5가지는 매니아 분임조에서 해결하기로 했다.

그들은 본격적으로 '2차 성형공정 개선으로 부적합품률 감소'라는 주제로 분임조활동에 돌입했다.

우물 안 우물 밖을 넘나들었던 개선활동

매니아 분임조가 5가지 문제 중 가장 먼저 개선한 것은 브레이크

형식을 변경한 것이다. 조인트리스 벨트의 이상 당김 현상은 투입 부분의 SLIP 방지 브레이크가 신속하게 반응한다면 해결될 것 같았다.

매니아 분임조는 수차례 토론하고 아이디어를 내 보았지만 '이거다' 싶은 방법이 나오지 않았다. 한참을 고민하다 이들은 타이어가 아닌 자동차 제동장치에 눈을 돌렸다. 그러자 방법이 하나 둘씩 보였다. 박서용 조장은 자동차 부품 중 디스크 브레이크에 문제 해결의 열쇠가 있다는 생각에 즉시 분임조원들과 관련 자료를 찾고 분석했다.

그렇지만 이내 난관에 부딪쳤다. 자동차에 부착된 디스크 브레이크를 구할 수 없었다. 백방으로 수소문을 해보았지만 헛수고였다. 뜻밖에도 회사 내에 있는 '물품 다이어트 벼룩시장'에서 그들이 찾고자 하는 것을 발견할 수 있었다. 물품 다이어트 벼룩시장은 더 이상 필요가 없는 물건을 다른 공정에서 필요할 경우를 대비해 보관하는 창고였다.

구형성형기 안에 들어있던 디스크 브레이크를 찾아낸 뒤부터는 일사천리였다. 중고 부품이었지만 성능에는 문제가 없었다. 무엇보다 설치를 하고 직접 사용해 보니 기대 이상으로 결과가 좋았다. 공정 능력이 디스크 브레이크를 장착한 뒤부터 공장 목표치를 초과했다. 당연히 부적합품률도 개선하기 전보다 훨씬 더 낮아졌다(409PPM➝227PPM).

매니아 분임조는 이러한 성과를 회사에 보고했고 이후 전체 공장에 있는 챔버 브레이크가 디스크 브레이크로 교체되는 기분 좋은 사건(?)

이 일어났다.

 이후 조인트리스 벨트의 이상 당김 현상은 확실히 줄어들었다. 하지만 완전히 사라지지 않아 매니아 분임조는 찜찜함을 떨쳐내지 못했다.

개선활동에 포기란 없다

 "조인트리스 벨트의 이상 현상을 미리 감지하여 작동을 멈출 수 있다면?"

 박서용 조장의 생각은 매니아 분임조원들의 두 번째 과제가 되었다.

여러 아이디어 중 매니아 분임조는 기준에 부합하는 장력만 통과시키고 과도한 장력은 선별해 내는 스프링을 감지센서로 사용하기로 의견을 모았다. 실패가 거듭됐지만 분임조원들은 매일 새로운 의견과 아이디어를 내놓았다. 결국, 브래킷으로 각도를 조절하고 나서야 이 문제를 말끔히 해결할 수 있었다.

세 번째의 개선은 조인트리스 벨트를 스프링에 안착시키는 저감부 원점감지 부분의 개선이었다. 이것이 오작동할 경우 조인트리스 벨트가 가이드를 이탈해 꼬임에 의한 부적합품이 발생하곤 했다. 센서 감지판과 센서고정부가 L자형인 데서 문제가 생겼다. L자형 대신 I자형으로 고정부를 제작하여 조인트리스 벨트 투입 동선 밖에 원점감지부를 설치했다. 이때 매니아 분임조는 개선동아리의 협조를 받아 반사판과 센서고정부를 자주 제작했다. 이를 설비에 부착해 운전을 해보니 조인트리스 벨트 이탈 꼬임에 의한 부적합품률이 크게 줄었다(309PPM→72PPM).

네 번째 개선은 조인트리스 벨트 쏠림 현상을 해결하는 것이었다. 조인트리스 벨트 쏠림 현상은 투입분산 롤이 한쪽으로 지나치게 치우치면서 조인트리스 벨트가 밀려나 발생한다. 문제는 롤(roll)에 대해 잘 아는 사람이 없다는 것이었다. 매니아 분임조는 각자 롤의 기능과 구조에 대해 공부를 하기로 했다. 이러한 노력으로 그들은 테이퍼 롤이 자신들의 설비에 가장 적합한 대체 롤이라는 결론을 얻을 수 있었다. 이번에는 주저 없이 물품 다이어트 벼룩시장부터 찾았고 그곳에서 타 공정에서 버린 롤 브래킷을 찾아 재가공하여 테이퍼 롤을 제작했다. 테이퍼 롤을 장착한 설비는 물론 더 이상 한쪽으로 쏠리는 현상이 발생하지 않았다.

마지막 다섯 번째는 드럼부착 벨트가 들뜨는 문제를 해결하는 것이었다. 조인트리스 벨트를 부착 시 벨트가 보정이 안 되어 문제가 발생하고 있어서 조인트리스 벨트 부착 대기부를 눌러준다면 해결이 될 문제였다. 매니아 분임조는 누름 롤의 폭과 거리가 클수록 들뜸이 감소한다는 데이터를 얻었다. 최적값을 도출하여 회사 설비보전팀에 롤 제작을 의뢰해 설치했다. 결과는 대성공이었다.

자주제작으로 이룬 개선, 성과는 남다르다

매니아 분임조는 조인트리스 벨트의 문제 해결을 위한 다섯 가지 대책을 통해 놀라운 효과를 얻었다. 부적합품률이 기존과 비교할 수 없을 정도로 크게 낮아졌다. 당연히 2차 성형공정은 목표대비 부적합품률이 113.3%나 줄었다. 이는 약 4억 7천만 원의 유형효과가 있는 것으로 파악됐다. 이러한 성과는 사내 경연대회를 모두 휩쓸기에 충분했다. 또한 2013년 전국품질분임조경진대회에서 금상을 수상했다.

한국타이어는 매니아 분임조의 개선 성과를 높이 평가하고 있다.

분임조원이 자신들 힘만으로 문제를 해결하려는 의지를 갖고 개선활동을 추진했기 때문이다. 여기에 현장이 전보다 훨씬 일하기 편해졌을 뿐 아니라 부적합품률까지 줄어 회사에도 큰 보탬이 되고 있다.

한국타이어는 CEO가 직접 부부동반 초청행사를 개최해 매니아 분임조를 격려했다.

소통으로 성과를 만든다

제안활동과 분임조활동을 하면 할수록 '소통'과 '인정'이란 말이 가슴에 와 닿는다는 박서용 조장. 그도 스스로 불통(不通)의 굴레에서 깨고 나오기 위해 애를 써야만 했다. 제안활동을 할 때만 해도 소통의 중요성을 미처 깨닫지 못했지만 분임조활동을 하면서 그 중요성을 실감했다. 소통이 개선의 출발점이었기 때문이다.

여기에 나와 다름을 인정할 줄 알아야 한다는 것 또한 분임조활동을 통해 배운 소중한 자산이다. 이름이 다르고, 성별이 다르고, 혈액형이 다르고, 성격이 다르고, 꿈과 희망이 다르고, 가치관과 세계관이 다른 사람들이 모여 사는 것이 이 사회다. 구성원의 숫자만 작을 뿐 분임조 또한 다를 바 없다. 아이디어 토의를 해도 각기 자신의 방식대로 자신의 스타일에 따라 창의력을 발휘했다.

"생각이 다른 것이지 틀린 것이 아니다."

　다름과 틀림을 혼동하면 분임조활동은 의미가 없다. 다름이라고 인정하면 소통할 수 있다. 하지만 틀림이라 생각하면 다툼만 있을 뿐이다. 박서용 조장은 틀린 게 아니라 다름을 인정하며 분임조원들의 의견을 실천에 옮겼다.

　그는 말한다. "우리가 속한 회사의 가장 낮은 곳에서 서로의 다름을 인정하고 소통하며 묵묵히 개선활동을 하는 분임조원들이 실로 '큰 사람'들이다."

한국타이어,
글로벌 베스트 프랙티스

한국타이어의 분임조가 전국품질분임조경진대회에 출전하려면 세 단계 관문을
거쳐야 한다. 우선 공장대회를 통과해야 하고 다음은 글로벌 대회를 통과해야 한다.
각 지역의 공장대회에서 3위 안에 들면 글로벌 대회 출전권을 획득할 수 있다. 글로
벌 대회 출전한 팀 중 우수한 3팀은 다시 혁신 경영대회에 참가한다.

혁신 경영대회는 유형효과가 크고 혁신적인 과제를 수행한 최정예 분임조들이 겨루
는 대회이다. 여기서 1등을 하면 2,000만 원의 상금이 주어진다.

이러한 과정을 거쳐 전국품질분임조경진대회에 출전하는 만큼 한국타이어 분임조
의 성과는 구체적이며 객관적이다. 매니아 분임조도 공장대회, 글로벌 대회, 혁신
경영대회에서 모두 최우수상을 수상했다.

기아차 디자인 경영의 '화룡점정'

김 형 윤 조장 기아자동차 화성공장

- 1972년 출생
- 現 프레스부 조장
- 2010년 뉴기아인 선정
- 2009년 전국품질분임조경진대회 금상 수상

조장의 폭탄선언

"우리도 전국품질분임조경진대회에 한 번 나가봅시다."

2007년 어느 날, 기아자동차 화성공장 프레스부 김형윤 조장은 자신이 속한 세계화 분임조원들에게 폭탄선언을 했다. 그 전까지도 분임조활동을 하고 있었지만 어디까지나 조장과 서기가 적당히 알아서 처리하는 수준이었다. 그런 분위기에서 전국품질분임조경진대회라니. 조장의 느닷없는 제안에 분임조원들은 어리둥절한 표정이었다.

"그게 도대체 무슨 소리입니까?"

분임조원들이 놀라는 것도 무리는 아니었다. 전국품질분임조경진대회란 전국에서 최고의 분임조들이 출전해 서로의 활동 성과를 겨루는 자리다. 세계화 분임조는 거창한 이름과는 달리 전국품질분임조경진대회는 고사하고 전사대회 근처에도 가본 적이 전혀 없는 '무명'의 분임조였다.

대부분의 분임조원들은 현실과 거리가 먼 이야기라면서 고개를 가로저었다. '과대망상'이라면서 비웃는 분임조원들도 있었다. 하지만 김형윤 조장은 개의치 않고 밀고 나갔다.

우물에서 튀어나온 개구리

세계화 분임조가 결성되던 1997년. 김형윤 조장도 평범한 한 명의 분임조원이었다. 1997년은 개인이나, 회사, 국가 모두에게 무척이나 사연이 많은 한 해였다. 기아자동차는 1997년 7월 15일, 부도에 이어 10월 법정관리에 들어가면서 IMF 외환위기를 불러온 주범으로 몰리는 수모를 당했다.

IMF 외환위기로 많은 직원들이 회사를 떠나야 하는 아픔을 겪었고 그로 인해 분임조도 새롭게 편성될 수밖에 없었다. 세계화 분임조는 그런 어수선한 분위기에서 탄생했다.

현대자동차 그룹에 인수되면서 회사는 빠르게 정상화됐다. 그러나 상처는 여전히 조직 내에 남아 있었다. 어려운 시기를 보내고 위기를 극복해 나가면서 직원들의 개인 역량은 크게 향상됐지만 다른 한 편으로는 '개인주의'의 심화라는 과제를 남겼다.

IMF 외환위기가 휩쓸고 지나가던 시기, 세계화 분임조의 조원들 대부분은 30대 초반이었다. 결혼을 앞두고 있거나 막 결혼해서 아이를 낳아 키우면서 집을 사기 위해 악착같이 돈을 모으던 초보 가장들이 많았다. 그들에게 경제 위기는 곧 가정의 위기를 의미했다.

분임조원들은 스스로 몸을 낮추고 움츠렸다. 자신에게 주어진 일 이외에는 별로 관심도 갖지 않고 특별한 의미도 부여하지 않았다. 하나의 팀으로서 무엇인가 목표를 가지고 추진해 본 적도 없었다. 그러다보니 개인의 성장도 정체될 수밖에 없었다.

김형윤 조장은 분임조장이 되고 난 후 어떻게 하면 분임조원들이 자신의 역량을 향상시키고 또 분임조원으로서 자긍심과 긍지를 가질 수 있을지 고민했다.

스스로 가치를 높이려면 '우물 안 개구리'에서 벗어나 과감하게 밖으로 나가서 객관적인 평가를 받고 자신의 현주소를 파악하는 것이 필요하다. 그 문제에 대한 대안으로 떠오른 것이 바로 전국품질분임조 경진대회 참가였다.

깨지면서 배우다

전국품질분임조경진대회에 출전하겠다는 원대한 목표를 세웠지만 어디서부터 시작해야 할지, 무엇을 어떻게 해야 하는지도 전혀 몰랐다. 분임조활동의 가장 기본이라고 할 수 있는 QC(Quality Control) 기법 도 제대로 몰랐고, 발표대회를 위해 필요한 엑셀이나 파워포인트 같은 프로그램은 손도 대지 못하는 상황이었다.

김형윤 조장은 우선 자신이 먼저 앞장서서 분임조활동의 기본기를 익힌 다음 분임조원들에게 가르쳐 주어야겠다고 생각했다. 그는 품질 활동을 잘 하는 사람이 있으면 직접 찾아가서 물어보고 배우기를 주저

하지 않았다. 하지만 그마저 쉽지 않았다. 당시만 해도 분임조별 이기주의가 존재하고 있어서 다른 분임조에게 정보를 제공해주는 것을 꺼리는 분위기였다.

"이런 식으로 배워서는 끝도 한도 없겠다. 아예 전사대회부터 나가고 보자."

김형윤 조장은 저돌적이고 직선적이다. '배워서 대회를 나가는 것이 아니라 대회를 나가서 배우겠다'는 발상을 했다. 그렇게 생각하니까 길이 보였다.

2007년, 아무것도 모르는 상태에서 사내에서 벌어지는 전사 분임조 발표대회에 참가 신청서를 제출했다. 오랫동안 회사를 다니면서 분임조활동을 해왔지만 회사 내에서 분임조 발표대회가 열리는 것을 한 번도 구경해본 적이 없었다. 그만큼 관심이 없었다.

전사 분임조 발표대회에서 1등을 밥 먹듯이 한다는 사내 최고의 분임조를 직접 찾아갔다.

"저희들을 좀 도와주십시오."

준비도 없이 대회에 나간다는 것에 어이가 없었는지 아니면 도움을 요청하는 모습이 안쓰러웠는지 그 분임조는 김형윤 조장에게 자료를 하나 건네줬다.

"아, 이런 식으로 발표 자료를 만드는 것이구나."

내용을 고민할 여유는 없었다. 그저 주어진 형식에 맞게 자료를 끼워 맞추는 데 급급했다. 당시 프레스부 사무실에서 QC맨으로 활동하던 김기덕 명장의 도움으로 매일 밤을 새우다시피 하면서 대회를 준비했다.

"현장에서 개선을 하면 되지 대회는 왜 나가려고 그래?"

"현장에 문제가 있으면 알아서 개선하는데 무슨 절차가 그렇게 복잡해?"

"김 조장, 혼자서 출세 좀 해 보겠다는 거야? 뭐야?"

전사대회를 앞두고 발표 준비보다 더 어려웠던 것은 주변의 오해와 그로 인한 따가운 시선이었다.

눈빛 하나로 기회를 잡다

"뭐 저런 것을 가지고 전사대회에 나온 거야?"

준비를 많이 했지만 첫 발표대회는 어설프기 짝이 없었다. 보는 사람들마저도 조금은 어이없어 하는 분위기였다. 부서 예선은 참가팀이 한 팀밖에 없어서 그냥 올라갔고 공장 예선도 추천으로 통과했다. 전사대회도 금, 은, 동상 중 제일 낮은 동상을 받았기 때문에 말이 전사대회 출전이지 참가 자체에 의의를 둘 수밖에 없는 상황이었다.

무엇보다 지역 분임조경진대회라도 나가려면 최소 은상 이상은 받아야 하는데 동상에 그치는 바람에 그런 기회마저 잡지 못했다. 전국 품질분임조경진대회는 고사하고 지역 분임조경진대회 출전 자격을 얻는 것조차 불투명했다.

그렇게 발표를 마치고 분임조원들과 함께 실망스러운 표정으로 멍하니 앉아 있는데 차체 부서의 한 선배가 휴게실로 그들을 불러냈다. 영문도 모르는 채 그들은 휴게실로 향했다.

"니들 젊은 놈들이 정말 싸가지가 있더라."

"무슨 말씀이신지….."

"내가 적극 도와줄 테니 열심히 한 번 해봐. 내가 지켜보겠어."

김형윤 조장과 분임조원들을 휴게실로 불러 낸 선배는 회사 내에서도 분임조활동으로 알아주는 사람이었다. 그 선배가 직접 불러서 도와주겠다고 하니 입이 쩍 벌어질 수밖에 없었다. 도대체 무슨 이유로 자신들을 도와주겠다고 한 것인지 그 때는 알지 못했다. 시간이 한참 흐른 다음 우연히 다른 사람을 통해서 그 이야기를 듣게 됐다.

"젊은 놈들이 눈이 파닥파닥하는 것이 뭘 하나 하더라도 착착 빨아들일 것 같더라고. 그래서 이 친구들 도와줘야겠다고 마음을 먹었다고 하더군."

뜻이 있는 곳에 길이 있는 것일까? 열정으로 가득 찬 그들의 눈빛에 회사의 하늘같은 고참 선배가 도와주겠다고 나서는 일까지 벌어졌다.

하지만 전사대회를 통과하지 못했기 때문에 지역 분임조경진대회라도 나가려면 다시 1년을 더 기다릴 수밖에 없었다. 그러던 중 우연히 또 한 번의 행운이 다가왔다.

좌충우돌, 지역 분임조경진대회에서 생긴 일

"어이, 김 조장, 이번에 경기도 분임조경진대회에 한 번 나가 보지 않겠어?"

어느 날 회사의 분임조 담당자가 김형윤 조장에게 넌지시 물었다. 지역 분임조경진대회 출전 자격을 갖지 못한 그들에게는 한 줄기 빛과 같은 이야기였다. 앞뒤 재보고 이것저것 가릴 이유가 없었다.

"무조건 나가겠습니다. 벽에 부딪히는 수가 있어도 나가겠습니다. 꼭 나가게 해 주십시오."

출전 자격이 없었지만 어떻게 기회를 마련해 준 모양이었다. 어렵게 얻은 경기도 분임조경진대회 출전권. 하지만 처음 참가한 경기도 분임조경진대회에서도 세계화 분임조는 좌충우돌, 사건의 연속이었다.

"이거 분임조에서 한 거 맞아요?"

대회 직전 발표 원고를 점검해주던 교수가 세계화 분임조의 자료를 몇 페이지 넘겨보더니 기가 막힌다는 표정으로 김형윤 조장을 쳐다봤다.

"네, 맞습니다."

담당 교수는 볼펜을 책상에 탁하고 내려놓고는 목소리를 높였다.

"이거 말도 안 되는 소리예요."

"왜 그러십니까?"

"불량률 100%가 말이 됩니까? 이건 TF팀에서나 하는 일이지 분임조활동에서 이런 성과가 어떻게 나올 수 있습니까?"

"불량이 났으니까 났다고 하는 건데요."

문제는 불량률에 대한 개념을 잘못 파악한 데서 비롯됐다. 차체에 들어가는 강판을 프레스하는 과정에서 생기는 작은 오점들을 모두 불량으로 처리하다보니 불량률이 크게 올라가 버린 것이다. 기분이 상했지만 교수의 조언을 받아들여 불량률을 조정하고 발표 내용도 일부 바꾸었다.

발표 당일, 발표순서는 맨 끝에서 두 번째로 정해졌다. 부족한 발표 연습을 보충하느라 다른 분임조의 발표 내용을 들을 새도 없었다. 발표장 한쪽 구석에 자리를 잡고 계속 발표 연습을 이어갔다. 오후 5시가 다 되어서야 세계화 분임조의 차례가 돌아왔다. 처음 출전하는 대회라 무대에 올라가는 발표 담당자들은 모두 초긴장 상태였다. 발표를 시작하고 파워포인트 화면을 10여 장 넘길 즈음이었다.

발표가 한창 진행 중인 상황에서 노트북 배터리가 꺼지면서 자료 화면도 사라졌다. 참으로 황당한 순간이었다. 무대에 오르기 전에 전원

케이블을 연결하지 않은 채 연습을 너무 오래 하느라 배터리가 거의 방전된 것을 모르고 있었던 것이다.

"다음 발표 조와 순서를 바꿔주시면 안 되겠습니까?"

세계화 분임조는 절체절명의 순간에서도 당황하지 않고 기지를 발휘해 위기를 넘길 수 있었다. 다음 발표자가 먼저 발표를 하는 시간 동안 노트북을 충전한 후 다시 무대에 올랐다. 그런데 발표가 절반 정도 지났을 무렵 또 배터리가 방전되면서 똑같은 상황이 반복됐다.

"자료 없이 그냥 말로만 하겠습니다."

다행히 파워포인트 화면 없이도 큰 문제없이 발표를 마무리할 수 있었다. 문제는 발표 후 이어진 질의응답 시간. 대회 전 지도를 해주었던 교수가 마이크를 잡고 또 다시 불량률 문제를 지적했다. 무대 위에 있던 김형윤 조장은 얼굴이 붉으락푸르락하면서 흥분된 모습을 감추지 못했다. 무대를 내려가기 전에 마지막 할 말이 있다면서 김형윤 조장이 마이크를 잡았다.

"한 말씀만 하고 내려가겠습니다. 저희는 불량이 100% 나오든 200% 나오든, TF 할아비가 오든 분임조가 할 수 있는 일은 하겠습니다."

일종의 오기였다. 그것이 잘못된 것이라는 건 이후 공부를 더 하고 나서 비로소 알게 됐다. 이날 세계화 분임조는 우수상을 받아 들고 회사로 돌아왔다. 전국품질분임조경진대회 출전권인 최우수상은 받지 못했지만 소중한 경험을 했다. 이날 사건은 사내에서도 파다하게 소문이 났고 이 때문에 세계화 분임조는 유명세를 치러야 했다.

'오피러스' 개선으로 전사대회를 통과하다

2008년 있었던 경기도 품질분임조경진대회는 세계화 분임조의 활동에 커다란 전환점이 됐다. 비록 전국품질분임조경진대회 출전권은 따내지 못했지만 분임조 분위기가 몰라보게 달라졌다.

발표에 나서지 않았던 분임조원들이 대거 대회장을 찾아 분임조원들을 격려해주었다. 분임조원들은 발표대회장에 직접 찾아와 함께 시간을 보내면서 이것이 조장만의 잔치가 아니라 분임조원 모두의 잔치가 될 수 있다는 것을 깨달았다. 만성 불량이었던 부분을 분임조원들이 머리를 맞대고 연구해서 해결책을 찾았다는 점에서도 큰 자신감을 얻었으며, 분임조활동도 더욱 탄력을 받게 됐다.

2008년 프레스부의 가장 큰 이슈는 막 출시되기 시작한 오피러스의 보닛 불량 개선이었다. 오피러스는 곡선이 많은 유려한 디자인으로 인기를 끌었지만 그 때문에 프레스부에서 차체를 정확하게 찍어내는 데 무척 애를 먹었다. 굴곡이 생기지 않게 하다보면 보닛에 균열이 생기고 균열이 생기지 않게 하려면 또 굴곡이 생기는 것이었다.

이 문제를 해결하기 위해 백방으로 뛰어다니고 갖은 방법을 동원했지만 해결이 어려웠다. 방법을 찾았다고 해도 그것을 적용하는 것이 문제였다. 확신이 없는 상태에서 라인에 손을 댔다가 효과가 없으면 원상복귀가 어려울 수도 있었다. 신중할 수밖에 없었다.

"그런 건 시뮬레이션을 한 번 해보는 것이 좋겠는데요?"

문제 해결 방법을 찾기 위해 수소문하던 중 신차 개발 부서에 가면 시뮬레이션을 해 볼 수 있다는 정보를 얻게 됐다. 당장 신차 개발 부서로 달려갔다. 이곳에서 보유하고 있는 측정 장비를 활용해 시뮬레이션 결과를 얻어냄으로써 개선 결과를 미리 파악할 수 있었고, 결국 성공적인 개선을 하게 되었다.

오피러스 개선 과제를 해결하면서 새로운 깨달음도 얻었다. 품질 개선은 결코 분임조 혼자서 하는 것이 아니라 여러 부서의 도움으로 함께 할 수 있다는 것이다. 생각의 지평이 넓어진 느낌이었다.

세계화 분임조는 오피러스의 보닛 개선 사례로 전사 품질분임조 발표대회에서 금상을 수상했다. 불과 1년 전 어설픈 모습은 조금도 찾아볼 수 없었다. 개선효과도 좋았지만 발표 실력도 크게 나아졌다. 이번에는 자력으로 경기도 품질분임조경진대회 출전권을 따냈다.

수원에서 열린 경기도 품질분임조경진대회는 세계화 분임조의 단합된 힘을 보여주는 계기가 되었다. 분임조원 모두가 행사장을 찾아와 응원을 아끼지 않았다.

세계화 분임조는 그 여세를 몰아 경기도 품질분임조경진대회에서 최우수상을 수상했다. 이제는 거칠 것이 없었다. 대회가 모두 끝나자 그들의 손에는 전국품질분임조경진대회 행 '티켓'이 쥐어져 있었다. 불과 3년 전 허황된 꿈이라고 여겨졌던 바로 그 전국품질분임조경진대회. 그것이 꿈이 아니라 현실로 다가온 것이다.

꿈을 이루고 사람을 얻다

"너무 잘해서 할 말이 없네요."

세계화 분임조는 전국품질분임조경진대회에서도 당당하게 인정을 받았다. 얻어터지고 깨지면서 배운 것은 확실히 효과가 있었다. 이제 아무리 큰 무대에서도 주눅들지 않고 당당히 발표할 수 있었다.

오피러스 개선 사례로 전국품질분임조경진대회에서 금상을 수상함으로써 3년 만에 꿈같은 목표를 이룰 수 있었다. 무엇보다 기쁜 일은 전 분임조원들이 하나가 되어 이룬 꿈이라는 점이었다. 성공한 많은 분임조들이 있지만 뛰어난 능력을 가진 조장과 서기 등 몇몇 분임조원들이 주도해서 성과를 내는 분임조들이 많았다.

하지만 세계화 분임조는 달랐다. 비록 직접 무대에 올라 발표를 하는 분임조원은 따로 있었지만 무대 위나 무대 아래에서 그들은 하나가 되었다.

부산에서 열린 전국품질분임조경진대회에서도 분임조원들은 일을 마치자마자 바로 대회장으로 내려와서 분임조원들을 응원한 후 다음 날 아침 출근을 위해 서둘러 올라갔다. 회사에 남은 분임조원들은 철야 근무를 하면서 대회에 참가한 분임조원들의 몫까지 열심히 일했다. 비록 발표회장과 공장의 생산 라인 사이의 거리는 멀었지만 그들은 이미 한마음이었다.

앞만 보고 달려온 짧지만 굵은 세계화 분임조의 3년이었다. 세계화 분임조는 개인상과 단체상을 포함해서 7년 동안 회사 안팎에서 18개의 상을 휩쓸며 자타가 인정하는 최고의 분임조가 되었다.

세계화 분임조는 목표를 달성하는 과정에서 수많은 기록들을 쏟아냈다. 분임조활동 3년 만에 전국품질분임조경진대회에 나간 분임조는 회사 내에서 세계화 분임조 밖에 없었다. 사내 대회에서 동상을 받고 경기도 품질분임조경진대회에 출전한 사례도 세계화 분임조가 유일했다. 전국품질분임조경진대회에 출전해 금상을 수상한 것도 프레스부에서는 처음이었다.

이루고 나면 그것은 더 이상 꿈이 아니다. 2009년 전국품질분임조경진대회를 모두 마치고 집으로 돌아오는 길, 허탈함이 엄습해왔다.

"다 끝났네요."

"그러게 말이야."

"이제는 더 이상 갈 데가 없는 것 같아요. 목표를 달성했는데 우리에게 남은 건 뭘까요?"

부산에서 화성으로 올라오는 자동차 안. 김형윤 조장은 김기덕 명장과 대화를 나누었다. 두 사람은 세계화 분임조가 처음 사내 대회에 나갈 때부터 호흡을 맞춰 온 사이였다. 하지만 마지막 질문에 두 사람 모두 한동안 답을 하지 못했다.

"사람, 사람이 남은 것 아닐까요?"

주변을 둘러보니 정말 그랬다. 아무 것도 모르는 패기만 있던 애송이들을 키워 준 회사의 고참들, 자격이 되지 않는데도 어떻게 방법을 찾아서 지역 분임조경진대회에 갈 수 있게 해 준 분임조 담당자 품질정보팀 황유로 차장. 그리고 함께 고생해 온 분임조원들. 김형윤 조장은 그동안 고마웠던 마음을 담아 품질정보팀 황 차장에게 감사의 편지를 한 통 보냄으로써 목표 달성으로 들뜬 마음을 달랬다.

2009년 전국품질분임조경진대회 입상으로 원하던 꿈을 이루었지만 개선활동이 끝난 것은 아니었다. 2010년 인도에서 열린 국제품질분임조대회에서 세계화 분임조는 우수한 개선 사례를 소개해 국제적으로도 인증을 받았다.

2011년도에는 운영사례 부문에 출전해 전국품질분임조경진대회에서 은상을 받았으며, 2012년도에는 전사 최우수 분임조에 선정됐다. 세계화 분임조는 기아자동차 내에서도 독보적인 분임조로 인정을 받고 있다.

비워야 채울 수 있다

"우리가 가지고 있는 모든 자료를 다 공개합니다. 어느 누구를 막론하고 도움이 필요하면 언제든지 찾아오십시오."

전국품질분임조경진대회 입상으로 목표를 달성한 세계화 분임조는 이제 자신들의 성공에 머무르지 않고 그것을 전사로 확산시키기 위한 작은 불씨를 자처했다. 백지 상태에서 시작해서 부딪히고 깨지면서 분임조활동을 하나하나 배워 왔기 때문에 관련 자료나 정보의 중요성을 누구보다도 잘 알고 있었다. 그렇게 어렵게 얻은 것을 남들에게 쉽게 알려주는 것이 아깝지는 않았을까?

김형윤 조장은 "내가 가지고 있는 것을 비워야 또 다른 것을 채울 수 있다"고 담담하게 말했다.

효과는 금방 나타났다. 기아자동차 분임조들의 실적들이 눈에 띄게 좋아졌다. 지역 분임조경진대회에 나가면 거의 통과했고, 전국품질 분임조경진대회에서도 금상을 싹쓸이하다시피 했다. 금상을 받았던 자료를 참고로 했기 때문에 일정 수준을 유지할 수 있었다.

세계화 분임조의 도움을 받았던 분임조 중에서 금상을 못 받은 팀은 단 한 팀밖에 없을 정도로 모두 좋은 성적을 냈다. 김형윤 조장은 대회 준비를 하는 분임조를 위해 3개월 동안 집에 들어가지도 않고 회사에서 먹고 자면서 도와주었다.

"이런 식으로 대회를 준비하는지는 상상도 못했습니다."

그의 열정에 오히려 도움을 받는 사람들이 놀랄 정도였다. 김형윤 조장은 처음 분임조 대회를 준비할 때부터 지금까지도 언제나 일이 최우선이었다. 분임조활동이 아무리 중요하다고 해도 업무시간을 빼앗아가면서 할 수는 없었다.

일을 모두 마치고 나서 준비를 하고 또 그러다보면 출근시간이 다가오기 때문에 아예 퇴근을 하지 않고 회사 내에서 먹고 자고 하면서 준비를 할 수밖에 없었다. 모두 아내의 이해와 지지가 있었기 때문에 가능한 일이었다.

세계화 분임조는 기아자동차 분임조들의 롤 모델이 되었다. 그들은 세계화 분임조로부터 배운 발표 노하우뿐만 아니라 분임조 운영 노하우까지 자신들의 분임조에 접목을 시켰고 성공을 거두었다.

'디자인 경영'의 마지막 큰 점을 찍다

"아, 콧날이 죽어버렸어."

"그렇게 하면 윤곽이 흐리멍텅해지는데."

차체에 가해지는 압력에 따라 차체의 선이 살기도 하고 죽기도 한다. 디자인이 강조되면서 프레스부는 더 바빠질 수밖에 없게 됐다.

디자인실에서 아무리 뛰어난 디자인을 하더라도 프레스부에서 그 형상을 제대로 구현하지 못하면 원하는 차량의 모습이 나오지 못한다. 디자인실에서 하는 자동차 디자인이 머릿 속의 구상이라면 그것을 구현해내는 것은 바로 프레스부의 몫이다.

2006년 정의선 사장이 취임하고 난 후 디자인 경영을 표방하면서 달라진 변화 중 하나다. 그 전까지만 해도 프레스부의 업무 범위는 불량 개선과 부적합품 개선이었다. 그러다보니 완성된 차량의 외관에 대해서는 전혀 신경을 쓰지 않았다. 하지만 지금은 프레스부의 개선활동 대부분이 디자인과 연관되어 있다. 단순히 불량품을 개선하는 수준을 넘어 차체의 세세한 라인 하나를 살리고 죽이는 것에 대해서 고민할 정도로 한 차원 높은 수준의 개선활동을 하고 있다. 프레스부에서도 디자인을 자연스럽게 논의하는 수준에 오른 것이다.

세계화 분임조는 이러한 디자인 개선 사례를 바탕으로 2011년 전국 품질분임조경진대회 운영사례 부문에 출전했다.

"분임조에서 무슨 디자인을 한다는 거죠?"

프레스부의 디자인 개선활동에 대해 심사위원조차도 이해할 수 없다는 반응이었다. 하지만 세계화 분임조의 발표 내용을 다 듣고 나서는 고개를 끄덕였다.

한 때 IMF의 원흉으로 지목됐던 기아자동차. 이제는 디자인 경영을 앞세워 가장 아름다운 자동차로 인정받고 있다. 물 위를 떠가는 백조가 우아한 자태를 뽐낼 수 있는 것은 수면 아래에서 쉼 없이 물갈퀴질을 하기 때문이다.

기아자동차의 멋진 디자인의 이면에는 세계화 분임조를 비롯한 눈에 보이지 않는 여러 분임조들의 눈물겨운 노력이 있었다. 세계화 분임조, 그들은 기아자동차 '디자인 경영'이라는 커다란 그림에 마지막 눈을 그려 넣은 주인공이다.

세계화 분임조만의 인센티브로
행복한 분임조활동

김형윤 조장이 분임조활동을 하면서 철칙처럼 내세운 것이 있다. 발표를 누가 하고 대회에 누가 나가든 성과물은 함께 나누는 것이다. 어떤 경우는 조장인 자신보다 다른 조원들에게 혜택을 먼저 주기도 한다.

그동안 몇 차례 전국품질분임조경진대회 입상으로 제주도 여행권 등이 부상으로 주어졌지만 김형윤 조장은 한 번도 부상으로 받은 여행을 가 본 적이 없다. 함께 고생했던 분임조원들에게 그 기회를 먼저 줬다. 특히 무대에 서서 스포트라이트를 받았던 조원들보다 무대 아래에서 묵묵히 도움을 주었던 조원들에게 골고루 기회가 돌아가도록 배려했다. 기술은 한두 사람이 할 수 있지만 품질은 한두 사람이 할 수 없다는 신념 때문이었다.

대회에 참가해 입상해서 상장이나 메달을 받게 되면 그것 역시 모두가 공유될 수 있도록 하고 있다 하지만 한 장 뿐인 상장과 하ㅏ 뿐인 메달을 10명이 넘는 분임조원들이 함께 공유한다는 것이 간단한 방법은 아니었다.

"좋은 방법이 없을까?"

고민 끝에 김형윤 조장은 상장과 메달을 '위조(?)'하기로 마음먹었다. 전문 업체에 의뢰해 같은 양식으로 이름을 달리해 분임조원의 숫자만큼 멋진 액자로 만들었다. 그런 방법으로 모든 분임조원들이 자랑스럽게 상장과 메달을 집으로 들고 갈 수 있게 했다.

근사한 상장과 메달을 하나씩 집에 가지고 가자 분위기가 또 한 번 달라졌다. 아내들은 말로만 듣던 남편의 회사 생활을 새삼 존경스러운 눈으로 다시 보게 됐고,

시골의 본가에 상장과 메달을 보내준 분임조원들은 집안의 자랑거리가 됐다.

세계화 분임조의 이 방법은 회사 내에 전파되어 지금은 다른 분임조들도 벤치마킹해서 많이 활용하고 있다.

모든 생활의 기본이 가정이라는 생각에 분임조원들의 가족을 챙기는 것도 게을리하지 않았다. 초창기만 해도 미혼인 분임조원들이 많아 부모의 생신 때 축전을 보내 축하해주었다.

"네가 정말 좋은 회사에 다니는구나."

축전을 받은 고향의 부모들은 자식이 다니는 회사에 대해서 칭찬을 하고 고마워했다.

사내외 각종 분임조 발표대회에 나갈 때마다 소소하게 생기는 포상금을 모두 통장에 모아서 분임조원들에게 골고루 돌아갈 수 있도록 했다. 그렇게 모은 돈이 많을 때는 2~3백만 원씩 통장에 들어 있었다. 이 돈을 활용해서 각종 이벤트를 실시했다.

이벤트 첫 해인 2012년에는 모두가 행복했으면 좋겠다는 생각에 '일주일의 행복'이라는 주제로 모든 조원에게 매주 로또복권을 2장씩 사주었다. 이 이벤트는 1년 내내 한 번도 빠지지 않고 계속됐다. 돈으로 따지면 1인 당 2천 원 밖에 안 되는 금액이지만 분임조원들에게는 희망을 선물한 셈이었다.

2013년에는 분임조원 아내의 생일날 화분과 10만 원 짜리 상품권을 선물로 보내주었다. 2014년부터는 1주일에 한 번씩 열리는 불편사항 개선활동인 나우리 활동을 실시할 때 피자나 치킨 같은 간식을 공급하고 있다. 연말에는 세계화 분임조 가족 송년의 밤을 기획해 1박 2일로 근사한 축제를 계획하고 있다.

품질 혁신으로
하늘을 지키다

김수현 품질명장 대한민국공군

- 1979년 출생
- 現 공군 정비창 품질보증과 상사
- 2013년 표준화 우수성과 경진대회 수상
- 2012년 국가품질명장
- 2005년, 2007년, 2009년, 2010년, 2011년 전국품질분임조경진대회 금상 수상

청춘과 낭만을 빼앗기다

"어릴 때부터 비행기를 좋아했고 비행기만큼이나 공군에도 막연한 호감을 가지고 있었습니다." 장래의 희망 직업을 묻는 어른들의 질문에도 주저 없이 '공군'이라고 대답했다. 그 시절 김수현 명장에게 비행기와 공군은 선망의 대상이자 꿈이었다.

김수현 명장이 공군에 입대하기까지는 약간의 우여곡절이 있었다. 그것은 너무도 달콤했던 한 달여의 대학 새내기 시절 때문이었다. 우여곡절의 출발은 열아홉 살 때로 거슬러 올라간다. 당시 공군 대령이었던 고모부가 아버지를 설득해 부사관 시험을 보게 했다. 어려서부터 공군이 꿈이었으니 망설일 필요가 없다고 하였다. 하지만 문제는 대학이었다. 고3 졸업반 사내아이에게 군대라는 단어보다는 대학이라는 단어가 어울리는 게 당연했다. 교복대신 사복도 입고 싶었고, 한껏 멋을 부린 체 미팅도 해 보고 싶었다. 그런 연후에 다들 그러하듯 휴학을 하고 입대를 하면 된다고 생각했다.

아마도 그런 어린 마음을 고모부가 간파했었는지 고등학교 교복을

입은 체 고모부 손에 이끌려 대구 공군부대에서 부사관 시험을 보게 되었다. 그것도 다른 수험생들과 함께 시험을 본 게 아니라 따로 준비된 공간에서 혼자 보아야 했다. 혹시라도 시험 도중에 도망칠 것을 우려한 고모부의 특별한 배려(?)였다. 기가 막힐 노릇이었지만 도리가 없었다.

어쨌거나 그렇게 시험은 끝났고 그는 악몽이라도 지우듯 쉽게 그 사실을 망각했다. 그리곤 여느 아이들처럼 대학에 입학했다. 대학생이라는 명찰은 고등학생의 그것과는 너무도 차이가 컸다. 나이로 따지자면 한 살 차이에 불과했지만 생활은 하늘과 땅만큼의 격차가 있었다. 천편일률적인 수업시간도, 까까머리와 교복도, 암기와 보충수업도, 대학이라는 공간에는 더 이상 없었다. 그 공간을 '청춘'과 '낭만'이라는 것들이 가득 메우고 있었다. 나는 스펀지로 물을 빨아들이듯 스무 살 청춘을 즐기고 새내기 대학생의 낭만을 만끽했다.

안타깝게도 김수현 명장의 스무 살 청춘과 낭만은 그리 오래가지 못했다. 정확하게 말하자면 한 달이었다. 부사관 시험 결과가 집으로 날아들었고 믿기지 않게도 시험 성적은 대구지역 전체에서 1등이었다. 빼도 박도 못한다는 말은 이럴 때 하는 것이리라. 그렇게 해서 김수현 명장의 대학생활은 한 달 만에 끝이 났고 하사관이 되어 입대하였다. 1997년 4월의 일이었다.

군인이 된다는 것은

꿈에 부풀어 있던 스무 살 사내아이가 대한민국의 사나이로 변하기까지는 그리 오랜 시간이 필요치 않았다. 12주 기본군사훈련과 7주간의 특기교육만으로도 변화의 계기는 충분했다. 입대 후에는 개인이 아니었다. 모든 사고의 중심을 사회와 국가라고 하는 공동체에 둘 수밖에 없었다.

군대는 개인의 영리나 집단의 이익을 추구할 수 없다. 개인주의 탈피는 선택이 아닌 필수 사항이었다. 전체 속에서 개인을 바라볼 수 있는 눈을 가져야 했고, 그것이 군인의 길이자 가치관이었다. 온전하게 나와 사회, 개인과 국가를 하나의 고리로 묶어서 사고하는 것부터 혁신이었다. 김수현 명장도 새롭게 입은 공군의 제복처럼 새로이 각인한 군인의 가치관과 인생관을 온전히 삶속에 녹여내는 데 전력을 다했다. 국민이 없는 국가가 있을 수 없듯이 국가가 없는 국민 또한 존재할 수 없다는 것이 모든 가치판단의 기준이었다.

1997년 11월, 첫 자대 배치를 받은 이후 지금의 부대로 옮기기까지의 6년은 그렇게 그를 군인정신으로 재무장하는 기간이었다. 비록 어릴 적 꿈처럼 조종사가 되지는 못했지만 비행조종특기 또한 충분히 매력적이었다. 자신의 손으로 대한민국 공군의 모든 전투기종을 정비하고 수리한다는 자부심도 느낄 수 있었다. 군 생활 초기엔 외로움을 느끼기도 했지만 오래가지는 않았다. 그러기엔 군 생활이 너무 바빴고 비행조종특기 자체가 즐거웠고 자랑스러웠다.

난생 처음 들어본 '분임조'

김수현 명장이 6년을 지냈던 부대를 떠나 지금의 부대로 옮겨온 것은 2004년 4월이었다. 기쁘고 고마운 대상을 지금의 부대에 오고서야 만나게 되었다는 걸 처음엔 몰랐다. 부대를 옮기고 일주일 쯤 되었을 때다. 비행조종특기 후배인 이재진 중사(당시)로부터 난생 처음 '분임조'라는 단어를 듣게 되었다.

"선배님. 품질분임조 경진대회란 것이 있습니다. 제가 거기 나가려고 준비 중인데요, 열심히 준비해서 금상을 따 보겠다고 했더니 다들 웃지 뭡니까? 저랑 같이 준비해서 출전해보면 어떻겠습니까?"

알고 보니 7개의 각기 다른 특기가 포진해 있었던 관계로 후배의 뜻에 농잠하는 사람이 없었던 모양이었다. 김수현 명장 역시, 이곳에 오기 전까지는 분임조나 혁신활동이라는 것을 모르고 군 생활을 했었다. 그런데 후배인 이 중사의 이야기는 들을수록 가치가 있었다. 게다가 비행조종특기로서의 자존심 또한 한몫을 했다. 다른 특기의 부대원들이 모두 불가능하다고 말할수록 해보고 싶은 욕구가 커졌다. 그렇게 해서 탄생한 것이 '스카이 분임조'이다.

'창공'이라는 분임조 이름만큼이나 의기투합을 한 우리 둘의 열정은 크고 뜨거웠다. 곧바로 혁신 사례를 준비했지만 사전 지식이 짧아 애를 먹었다. 파워포인트로 사례를 문서화하고 싶었지만 방법을 몰랐다. 그 당시만 해도 일선 부대에서는 파워포인트를 쓸 일이 없었다. 당연히 조언을 구할 사람 또한 없었다. 학원을 다닐 수도 없었기에 관련 서적을 구입해서 홀로 공부를 해야 했다.

책을 펼쳐가며 파워포인트 작업을 하다 보니 처음엔 한 페이지 작성하는 데 하루가 걸렸다. 사정이 그렇다보니 경진대회를 준비하는 동안 집에 들어가지 못하고 부대에서 살아야 했다. 일과가 끝나는 저녁부터 새벽 4시까지는 파워포인트 작업에 매달렸고, 발표 연습은 오전과 오후 그리고 저녁 시간에 따로 시간을 정해서 하였다.

그렇게 장장 8개월을 준비했더니 대회 직전에는 원고가 없어도 말이 술술 나올 정도가 되었다. 한마디로 '열정'으로 일했다. 처음엔 누구도 관심을 두지 않았다. 그러나 8개월이 지나는 동안 차츰 애정을 보이기 시작했다.

세 사람의 서포터즈를 만난 행운

부대에서 분임조활동을 추진하는 데 도움을 준 고마운 사람 중 한 명이 바로 양택권 소령이었다. 양 소령은 추운 날씨에 학습장에서 사례집을 만드는 게 안쓰럽다며 흔쾌히 자신의 방을 내주었다. 뿐만 아니라 새벽 늦게까지 일을 하다 곯아떨어지기라도 하면 잠이라도 깰세라 소리 없이 전등을 꺼주었고, 간식이라며 이런저런 음식을 사다 주기도 했다. 그런 배려는 이후 대회에 나갈 때까지도 이어져서 밥값이라며 자신의 용돈을 주머니에 찔러주기도 했다.

그런 상관의 따뜻한 배려에 보답하기 위해서라도 스카이 분임조는 더욱 철저하게 대회 준비를 했다. 그래서였던지 첫 출전임에도 불구하고 당당하게 전국품질분임조경진대회에 나가 금상을 수상하였다. 전국품질분임조경진대회에서 금상을 수상한 것은 부대 내에서 스카이 분임조가 최초였다. 그때의 성취감은 말로 다 표현할 수도 없었으며, 지금까지 분임조활동을 지속적으로 하는 원동력이 되었다.

김수현 명장의 혁신적인 변화에는 세 사람의 도움이 결정적이었다. 공군 하사관으로 입대하게 해준 고모부, 처음으로 분임조를 알게 해준 이재진 후배 그리고 당시 상관이었던 양택권 소령의 배려이다. 김수현 명장은 세 명의 서포터즈를 만난 것이 인생의 행운으로 생각한다. 그 덕택으로 급기야 현역 공군으로는 유일하게 '품질명장'이라는 영예까지 얻게 되었다.

분임조활동은 헛짓?

분임조와 관련한 모임이나 행사에 참여를 하면 자주 듣게 되는 질문이 "군대에서도 분임조활동이 가능하냐"는 것이다. 결론부터 말하면 '예스'이다. 분임조활동이 가능하기에 그 성과를 가지고 대회에도 참가하는 게 아니겠는가. 하지만 군대라는 특수성 때문에 그 일은 결코 쉽지만은 않았다.

군대는 기업이나 여타의 단체와는 성격이 다르다. 소속원들의 성향이나 지향성을 쫓아 활동을 하는 곳이 아니고 이윤을 추구하기 위한 조직적 활동을 하지도 않는다. 분임조활동과 가장 어울릴 것 같은 기업들과는 뿌리부터 다르다.

김수현 명장이 처음 분임조활동을 시작했을 당시만 해도 분임조를 대하는 인식은 물론, 혁신활동 역시 조직문화로 뿌리내리지 못하고 있었다. 오해의 출발점부터 군대는 기업과 달랐다. 과거 분임조를 처음 받아들이는 기업의 경우 분임조활동이나 혁신활동을 도입할 때 '업무 이외의 또 다른 업무'로 오해하거나 반발하는 구성원이 많다. 하지만 군대에서는 혁신활동을 업무로 보기보다 '일하기 싫어서 하는 헛짓' 정도로 치부하고 있었다.

기업의 경우에는 그나마 '일'로 바라보지만 군대에서는 '헛짓'으로 보았던 것이다. 그것도 일하기 싫어서 하는 '헛짓'으로 말이다. 하지만 군대라고 해서 분임조활동을 정말 헛짓으로 했겠는가. 그 누구도 자신의 업무를 소홀히 할 수 없는 곳이 군대이다. 묵묵히 자신의 일과를 수행하면서도 분임조를 통한 개선활동을 겸하고 있는 건 기업이나 군대나 다를 게 없었다. 그런 점에서 보았을 때, 무엇보다 먼저 혁신되고 개선되어야 할 대상은 개선활동에 대한 군대 내부의 인식이었다.

기업의 입장에서는 혁신이나 개선은 기업의 성패를 좌우하는 핵심 사항이지만 군대에서는 그보다 중요한 사항이 많다는 인식 때문이었는지도 모른다. 분임조활동이 저조할 수밖에 없는 것은 당연지사였다. 기업의 경우 분임조활동을 적극 지원함은 물론 성과에 따른 보상도 한다. 하지만 군대에는 그런 지원과 보상체계가 별로 없었다. 있다 하더라도 기업의 그것과는 비교가 되지 않았다. 혁신활동을 열심히 하는 사람들에게 혜택이나 포상은커녕 시기어린 눈총만 돌아왔으니 누군들 열심히 하려고 했겠는가? 안타깝게도 그런 현실에 회의를 품고 군대를 떠난 이들이 많았다. 자신의 능력을 마음껏 펼치기에는 군대라는 공간이 한계가 있다고 판단해서였을 것이다.

그런 점에서는 김수현 명장 역시 크게 다르지 않았다. 하지만 지금껏 그 자리를 지키며 분임조활동을 지속하고 있는 이유는 어릴 적 꿈이었던 비행기와 공군만큼이나 분임조로 대변되는 일련의 개선활동이 좋았기 때문이다. 더불어 군대에서의 혁신활동 또한 기업의 분임조활동처럼 생산성 향상과 직결되는 것으로 인식되는 날이 올 것이라는 믿음이다. 그래서 누가 시키지 않아도 스스로 식스시그마 기법 등을 공부하며 분임조원 역할과 동시에 추진자 역할을 함께 수행해 왔다.

분임조활동 성과 첫 번째 이야기

F16 전투 비행기에는 가스켓이라는 부품이 있다. 평소에는 별로 중요해 보이지 않지만 전투기를 정비하다 보면 가스켓이라는 부품이 꽤 중요하게 다뤄진다. 전투기를 정비하려면 연료를 모두 **빼내야** 하는데, 문제의 그 가스켓을 뜯어내야만 연료를 **빼낼** 수 있다. 문제는 그 가스켓이 단순한 고무 재질임에도 국산 부품이 없어 수입을 하는 실정이었다.

더군다나 그 조그만 고무 부품 하나의 가격이 40만 원이나 되었다. 또 필요할 때마다 수입을 해야 해서 교체 시기가 늦어지는 문제가 지속적으로 발생했다. 그 문제를 해결하기 위한 고육지책으로 부대 자체적으로 가스켓을 만들어서 쓰고 있었다. 비용도 비용이었지만 제때 교체를 하기 위해선 그 방법이 최선이었다.

거기에도 문제는 있다. 가스켓 여섯 장을 만드는 데 일주일이 걸렸고 그나마도 부적합품을 만드는 경우가 많았다. 그도 그럴 것이 컴퍼스로 어림짐작하여 제작하였으니 당연한 결과였다. 비용과 시간적인 측면을 모두 고려했을 때 분임조활동 과제로는 최적의 상황이었다.

"가스켓 자체 제작에 따른 부적합률 해결방안을 하반기 분임조 과제로 선정하겠습니다." 주변 사람들에게 말을 하자 예상대로 반발이

심했다. 원래 해 오던 방식이 있는데 왜 굳이 바꾸려 하냐는 항의성 질문이 가장 많았다. 그들 중 대다수는 나이 어린 정비창 후배들이었다. 그들은 불합리한 사항을 개선할 의지가 없었다. 선배들이 해 오던 방식대로 일주일에 여섯 장의 가스켓만 제작하는 게 편하다고 생각하는 눈치였다.

만에 하나 분임조활동을 통해 보다 손쉽게 가스켓을 제작할 수 있는 기계가 만들어진다면 남는 시간에 또 다른 일을 해야 할지도 모른다는 두려움이 있었다. 타성에 젖어 있는 후배들을 위해서라도 반드시 성과를 내야만 했다.

즉시 재질과 불량률 요인 분석부터 실시했다. 유사한 제품을 생산하는 업체를 수소문하고 재질 조사와 테스트를 위해 여덟 번이나 출장을 다녀왔다. 그 중 다섯 번은 개인 휴가를 신청해서 다녀와야만 했다. 그것만 보더라도 당시의 군대가 혁신활동에 대해 얼마나 소극적이었는지 알 수 있다.

재질 분석 결과 skh 57종, sm 30CM종, STC 4종, sks 41종 가운데 sks 41종 합금강이 가스켓 재료로 최적이었다. 부적합 제작 요인으로는 홀 지그(jig)의 직경과 간격 치수 불량이 주요 원인으로 밝혀졌다. 그러한 자료를 바탕으로 부적합률을 최대한 줄일 수 있는 지그 제작에 온 힘을 다했다. 마침내 부대에서 원하던 지그를 제작할 수 있었다.

처음 과제로 선정했을 때부터 정확하게 6개월이 지난 후였다. 관련 자료와 새로 제작한 지그를 가지고 모든 사람들 앞에서 제작 시연을 해보였다. 처음에는 시큰둥하던 이들도 비로소 신형 지그의 성능을 믿기 시작했다. 그들이 보기에도 신형 지그의 성능은 매우 놀라울 정도였다.

개선한 지그로 가스켓을 제작한 결과 부적합품률은 95.6% 감소되었다. 더군다나 일주일에 여섯 장 제작하던 작업시간도 불과 5분이면 충분했다. 실로 비교가 될 수 없는 확실한 성과였다. 많은 사람들이 자기 일처럼 좋아하며 축하했지만 그 중 보급담당은 대놓고 좋아했다. 더 이상 수입하지 않아도 되었기에 예산을 확보하고 시기에 맞춰 신청을 해야 하는 불편이 사라졌기 때문이었다. 이후 부대에서는 가스켓을 수입하지 않고 직접 제작해서 사용하고 있다. 군이 돈으로 환산하자면 연간 10억 원 이상의 비용 절감 효과를 거둔 셈이다.

분임조활동 성과 두 번째 이야기

공군의 분임조활동 성과 가운데 또 하나를 꼽는다면, '엔진시동 발전기 기능 점검 프로세스 개선으로 부적합품률 감소'를 테마로 한 개선활동이다. 2012년에 M.I.T 분임조가 했던 개선 과제였다.

과제 선정 초기에 항공기 정비 프로세스 중 시급성, 해결성, 참여도 면에서 높은 점수를 받아 과제로 최종 선택되었다. 단순하게 설명하자면 비행기 시동을 거는 데 필요한 발전기를 점검하는 절차와 과정을 개선하는 것이 다른 사안들보다 시급하다고 판단되었다.

그것을 입증하기라도 하듯이 2012년 당시만 해도 발전기의 정비창 입고가 몇 년 간 지속적으로 늘어나는 상황이었다. 발전기의 부적합품률이 7.1%로 높아진 것이 이유였는데, 기능 점검 부적합률 또한 목표치를 7.6%나 상회하는 12.6%에 달했다. 그런 상황에서 발전기 기능 점검 프로세스 부적합품률을 5%로 낮추는 것을 목표로 개선활동에 들어갔다.

조사 결과 발전기의 고정자와 회전자가 전체 부적합률의 84.7%를 차지하는 것으로 분석되었다. 이를 근거로 기존 기능 점검 프로세스를 분석하여 과감하게 기능 점검 프로세스를 개선하였다. 그 결과 개선 전에 비해 기능 점검 프로세스 부적합품률이 67.5% 감소되었다. 이는 비용 절감 차원뿐만 아니라 품질 향상으로 인한 '운영기지 만족도 조사'에서 최우수 부대로 선정되는 계기로 작용했다. 동시에 운영기지 NORS(불완전 가동 항공기) 발생을 제로화할 수 있었으며 부적합품률 감소로 인해 정비창 공정 기간 단축과 고객만족도 또한 향상시킬 수 있었다.

군대라고 하는 특수한 상황에서 일반 기업과는 비교되지 않는 열악한 지원 속에서도 묵묵히 과제를 수행하는 그들이야말로 진정한 혁신 전문가이다.

분임조활동의 새로운 전환점

분임조활동을 시작한 후에도 군대에서 개선활동을 하는 것은 여전히 쉽지 않았다. 하지만 초창기 분임조활동에 비하면 희망의 불씨가 지펴진 것은 틀림없는 사실이었다. 2012년 육해공군 전체에 린식스시그마가 도입되면서 본격적으로 혁신활동이 확산되었다. 사령부에서 열린 식스시그마 경진대회에 출전하면서 김수현 명장은 공군의 식스시그마 담당자로 선정되었다. 사령관이 눈여겨보고 직접 추천한 결과여서 놀랍고 고마울 따름이었다.

린식스시그마 담당자가 된 김수현 명장은 2012년 2월부터 공군본부 군참에서 관리체계와 규정을 만드는 일을 했다. 동시에 손쉽게 체계를 입력할 수 있는 프로그램 또한 전산정비팀과 함께 개발하여 전군에 배포하였다.

그 모든 것이 가치 있는 일이었지만 그 중에서도 혁신(개선) 인재에 대한 포상과 인센티브를 상향 조정할 수 있었던 것은 특별한 보람이었다. 직으나마 공군에서 혁신 인재를 키우기 위한 제도적 장치를 마련하는 데 힘을 보탤 수 있었던 것도 보람이자 자부심이 되고 있다.

대한민국 군대의 미래

최근 미국 국방부의 홍보 영상을 보면 판타지 영화가 무색할 정도이다. 과학자와 첨단 공학도들만 끌어 모아 신무기를 개발하던 예전의 모습과는 달리 컴퓨터 그래픽으로 무장한 영화 기획자와 함께 미래형

신무기를 개발하고 있다. 거기에는 아이언맨의 갑옷과도 같은 군복이 있는가 하면 영화 속의 레이저포처럼 화약 대신 자기장을 이용해 포탄을 쏘는 레일건이라는 첨단 무기도 있다. 시속 8,000km 음속의 6배 속도로 날아가는 이 놀라운 무기는 이미 3년 전 미국 해군이 실험에 성공하였다.

변화를 원하지 않기로 유명하던 미국 국방부에 어떻게 이런 일이 가능했을까? 그것은 가능성보다 현실성에 기초했던 기존 파트너 대신 창의성과 가능성으로 똘똘 뭉친 새로운 파트너를 택했기 때문이다. 창의성을 기반으로 한 혁신의 기치가 미국 국방부에도 불어 닥치고 있는 셈이다.

몇 해 전, 육해공 전군에 린식스시그마가 도입된 것은 우리나라 군 내부도 혁신과 창의에 대해 인식하고 있다는 뜻이다. 이제 군대도 품질에 대한 혁신활동과 특유의 보수성을 구분할 줄 알게 된 것이다.

급변하는 21세기 환경 변화에 대처하기 위해서라도, 무한경쟁의 세상에서 우리 군대가 국민으로부터 신뢰와 사랑을 받기 위해서라도 우리나라 군대에서 필요한 것은 혁신을 위한 시스템 안착이다.

그런 시스템을 통해 인재를 육성하고 혁신활동을 위한 최소 단위 조직(분임조) 활성화에 정성을 기울여야 한다. 시스템이 올바로 자리 잡았을 때 비로소 눈치를 보지 않고 기꺼이 혁신활동에 나설 수 있다.

김수현 명장은 "신바람 나는 회사가 경제를 살리듯, 신바람 나는 군대가 나라를 살린다"는 신념을 갖고 있다. 그런 뜻에서 린식스시그마 전도사가 되어 모든 부대에 혁신의 씨앗을 뿌리겠노라 다짐했다. 그는 신바람 나는 대한민국의 공군임을 한시도 잊지 않는다. 동시에 분임조 활동가이고, 식스시그마 전도사이며, 품질명장이다. 그래서 늘 행복하다고 한다.

품질의 달인 영예를
거머쥐다

분임조활동을 하는 사람이라면 누구나 꿈에 그리는 것이 품질명장이다. 김수현 명장에게는 쉽지 않은 일이었지만 고심을 거듭한 끝에 결국 도전하기로 마음먹었다. 그것은 개인의 명예를 위해서이기도 하였지만 공군의 자존심을 바로 세우는 일이기도 하였다.

막상 마음을 굳히긴 했지만 품질명장을 준비하는 일은 생각처럼 쉽지 않았다. 무엇보다 관련 자료를 찾는 것 자체가 힘이 들었다. 게다가 공군본부의 린식스시그마 담당자로서의 업무 또한 만만치 않았다. 그러자 분임조활동 초기에 함께 고생을 했던 사람들이 자신의 일처럼 팔을 걷어붙이고 나서 주었다. 부대의 후배들은 자신의 캐비닛에 보관하고 있던 과거 실적 자료를 찾아주었고, 부대원과 지휘관 그리고 사령부 사무국까지 모두가 나서서 도움을 주었다.

특히 안재욱 주사, 최삼환 서기관은 부대에서 지원해주지 않는 사안에 대해서도 개인적으로 지원해주려 애를 썼다. 결국, 김수현 명장은 '군 현역 최초의 품질명장'이라는 영예를 얻게 되었다. 분임조활동이 그러하듯 품질명장 또한 결코 혼자만의 힘으로는 불가능하다는 걸 깨닫는 순간이었다.

3장

성공하는 분임조의
4가지 습관

내가 아닌 우리 모두가 주인공이다
이상헌 품질명장 현대자동차

내가 변해야 회사가 변한다
이영균 품질명장 LG화학 오창공장

투쟁이 아니라 개선으로 승부한다
백대운 품질명장 S&T중공업 창원공장

사소한 '오늘'로 최고의 '내일'을 만든다
박찬호 품질명장 SK하이닉스 이천공장

GO GO
GO GO
GO GO
GO GO GO
GO GO GO
GO GO

내가 아닌 우리 모두가
주인공이다

이상헌 품질명장 현대자동차

- 1959년 출생
- 現 상용품질관리부 과장
- 2013년 전국품질분임조경진대회 금상 수상
- 2002년 신지식인 선정(산업자원부)
- 2000년 국가품질명장

하늘은 스스로 돕는 자를 돕는다!

"왜 그렇게까지 열심히 해"

이상헌 명장에게 그림자처럼 따라다닌 말이다. 그 역시 자신이 왜 그렇게 열심히 하는지 대답을 하지 못한다. 다만, 무척 가난한 성장기를 보냈기에 뭐든 열심히 했던 게 몸에 배인 까닭이 아닌가 싶다. 세상을 원망하거나 한탄하지 않았다.

"웃어라. 온 세상이 너와 함께 웃을 것이다. 울어라. 너 혼자 울 것이다."

엘라 윌콕스가 쓴 '고독'이라는 시의 한 구절이다.

이상헌 명장은 이 구절을 보며 "지금 울고 싶다면 웃어야 한다. 안 그러면 계속 울게 된다"고 다짐했다. 그는 자신이 살아온 삶이 지금의 나를 만들었고 지금의 내가 미래의 나를 만든다는 사실을 평생 가슴에 좌우명처럼 새겼다.

1969년, 이상헌 명장은 연속된 부친의 사업 실패로 고향 논산을 떠나 제주로 삶의 터전을 옮겼다. 그 시절 대부분의 가정이 뻔했지만,

재기를 꿈꾸며 정착한 타향살이였던 터라 그의 집은 유독 어려웠다. 대신 가난이 그를 일찍 철들게 했다. 초등학교 4학년부터 신문배달을 하며 집안일을 거들었다. 쥐꼬리만 한 수입이지만 누나들 기성회비며 동생들 용돈으로 쓰이는 걸 보면 내심 뿌듯해 했다. 그런 일들을 담임 선생님이 알게 되어 6학년 때 그는 문교부장관 표창도 받았다. 생전 처음 받아보는 큰 상에 이상헌 명장은 자신이 뭔가 큰일을 한 것 같아 며칠 동안 상장만 바라보았다. 그리고 담임선생님의 말을 잊지 않으려고 몇 번이고 되뇌었다.

"상헌아, 뭐든 열심히 하면 돼. 알겠지?"

생산보다 품질이 먼저인 회사를 만난 건 행운

1984년 3년의 군 생활 이후 울산 현대자동차에 입사했다. 지금은 직원 수만 4만 5천여 명에 달하는 큰 기업이지만 그가 입사할 때는 7천 명 정도였다. 당시 주력 차종은 포니와 스텔라였다.

주야 맞교대로 근무하는 현장, 컨베이어 시스템이 쉬지 않고 돌아가는 현장은 결코 녹녹지 않은 일터였다. 모두가 가난했던 시절이라 일이 곧 돈이라는 것을 알았지만 부득불 결근을 하는 경우가 많았다. 부품 하나라도 놓칠세라 바삐 장착을 하다보면 금방 교대시간이 되었다.

자고 일어나도 눈이 잘 떠지지 않을 정도로 고된 나날이 계속됐다.

불편한 작업 공정을 바꿔보고 일하는 방법이 좀 쉬웠으면, 편해졌으면 하는 생각이 든 것도 아마 그런 이유였을 것이다.

　신입사원인 이상헌 명장은 불편한 것이 무엇인지, 불편을 어떻게 하면 해소할 수 있는지 작업일지에 빼곡히 적었다. 그렇게 작업일지에 적어 놓은 메모가 빛을 보게 된 것은 회사의 새로운 방침이 발표되면서부터였다.

　당시 울산 현대자동차의 주요 수출국은 미국과 캐나다였다. 여기에 새롭게 출시한 소형차 엑셀을 해외 시장에 내놓은 상황이었다. 그러나 미국시장은 품질검사가 무척 까다로워 신차종의 성패가 불투명했다. 걱정대로 수출 초기에 크고 작은 문제가 드러나기 시작했다. 이 문제를 해결할 수 있는 것은 품질을 확보하는 것이었다. 불량률부터 줄여야 했다. 현장 분임조에 관심이 집중됐다.

　그 당시 분임조에 떨어진 특명은 차량외판 도장불량, W/STRIP 이탈, 브레이크 밀림 등의 문제를 설계팀, 품질팀과 협조해 해결하라는 것이었다.

　분임조들은 회사에서 기대하는 것만큼, 또 자신들의 의지만큼 개선 활동에 집중하지 못했다. 목표 대수만큼 차량 생산을 하는 데도 시간이 빠듯했다. 이러한 상황을 파악한 현대자동차는 근무시간에 분임조 활동을 할 수 있도록 여건을 마련했다. 생산 대수를 채우는 것보다 부적합품률을 바로 잡아 품질을 확보하는 것이 더 중요하다고 판단했기 때문이다.

이상헌 명장이 속한 조립라인 분임조가 첫 회의를 하던 날. 그는 아이디어를 쏟아냈다. 평소 작업일지에 문제와 해결방안을 꼼꼼히 적어 두었던 덕분이었다. 이 시기, 이상헌 명장은 분임조활동을 알고 재미를 붙여 갔다. 생산에 쫓겼지만 근무시간에 분임조활동을 할 수 있었기에 자신이 능동적으로 무엇인가를 하고 있다는 사실이 행복했다.

울산에서 품은 씨앗 전주에서 싹 틔우다

이상헌 명장이 더욱 분임조활동에 몰입하게 된 것은 1996년 전주공장에 오면서부터다. 현대자동차 상용차 부문이 울산공장에서 전주공장으로 옮겨졌다. 이때 이상헌 명장도 근무지를 옮기게 됐다.

무엇이든 새로 자리를 잡으면 진통이 따르게 마련이다. 전주공장도 예외는 아니었다. 예상치 못했던 문제가 여기저기서 터져 나왔다. 특히, 트럭을 생산하던 라인이 심각했다. 하루가 멀다 하고 필드 고객들의 불만이 쌓였고, 이러한 불만은 전주공장의 이미지를 떨어뜨렸다.

문제가 심각해지자 분임조에서 이 문제를 해결해 보라는 회사의 엄명이 내려졌다. 이때 울산공장에서 제안활동과 분임조활동으로 주목받았던 이상헌 명장이 호출됐다. 상용품질관리부서 부장이 직접 그를 불러 분임조활동을 해보자고 제안했다. 이상헌 명장은 그 자리에서 "열심히 하겠다"고 답했다.

새로운 곳에서의 도전은 이상헌 명장을 설레게 했다. 당시 트럭검사반 반장이었던 그는 즉시 반원들을 소집해 회사에서 분임조활동으로 문제를 해결해 보라는 제안을 받았다며 함께해 줄 것을 부탁했다.

단결력이라면 어느 부서, 어느 반원들 못지않았기에 모든 반원들이 선뜻 나서주었다. 이상헌 명장은 더욱 힘이 났다. 이들은 '아무 것도 나지 않는 땅에 씨앗을 뿌린다'는 의미로 분임조 이름을 '불모지'로 정했다. 분임조 불모지나 다름없는 전주공장에 분임조활동을 뿌리 내리겠다는 의미도 있었다.

이상헌 명장은 분임조활동에 앞서 자신과 분임조원들이 실천해 나갈 원칙을 정했다. 제일 먼저 실시한 것은 분임조활동과 관련한 학습을 하고 그것을 분임조원과 공유하는 것이었다. 이상헌 명장은 한국표준협회에서 실시하는 분임조 운영 방법과 문제 해결 기법 교육을 수강해 분임조활동에 대한 지식과 정보를 습득했다. 그는 배운 내용을 그대로 불모지 분임조원들에 전달했다.

분임조 회의를 할 때는 직위와 나이를 떠나 자유롭게 의견을 내고 토론한다는 것을 기본 원칙으로 삼았다. 이상헌 명장은 개선활동의 성패는 분임조원들의 자발적인 참여로 문제 해결을 위한 아이디어 도출과 이에 대한 토론이 얼마나 활성화되느냐에 달렸다고 믿었다.

분임조활동을 하며 이상헌 명장이 경계한 것은 눈앞의 성과에 연연하는 조급함이었다. 정한 목표를 향해 꾸준히 나아가길 원했다. 그들은 1년에 3건의 테마 해결을 목표로 잡았다. 또한 분임조활동 수준을 객관적으로 평가 받아보자는 생각에 전국품질분임조경진대회 출전도 목표로 세웠다.

꾸준히 분임조활동을 실시한 결과 1년에 3건의 테마를 해결할 수 있었고, 전국품질분임조경진대회에도 출전해 대통령상 동상을 수상했다.

이러한 과정을 거치며 불모지 분임조는 개인의 능력과 분임조의 능력이 올곧게 하나가 되었을 때 참된 창의성이 발현될 수 있다는 것을 깨닫게 됐다. 분임조활동은 이상헌 명장을 전주공장 최초의 품질명장에 오르게 했다. 그에게 품질명장은 개선 전문가로서 활동할 수 있는 날개가 되어 주었다.

인도공장에 개선과 품질을 물들이다

새로움에 대한 도전은 늘 이상헌 명장을 들뜨게 했다. '해외 주재원 파견'이라는 사내 공고문도 그랬다. 목적지는 인도였다. 그는 망설임 없이 신청서를 작성했다.

"장갑을 끼지 않고 일하겠습니다."

해외 주재원으로 파견된다면 어떤 각오로 일할지 묻는 질문에 대한 답변이었다. 이상헌 명장은 장갑의 실밥조차 부적합품을 발생시킬 수 없도록 빈틈없이 일하겠다는 의지를 나타냈다. 그의 답변에 면접관의 얼굴엔 웃음이 번졌다.

며칠 후 경영진의 주문이 들어있는 면접 결과지를 받았다. 주문 내용은 "인도에서 현대자동차의 품질 수준을 높여 달라"는 것이었다.

이상헌 명장은 인도로 출국하던 비행기 안에서 아내가 몰래 넣어둔 편지를 읽으며 미안함과 안쓰러움에 마음이 잠시 흔들렸다. 그러나 인도 공장 혁신이라는 확고한 목표를 세웠기 때문에 멈출 수 없었다.

"외롭고 힘든 만큼 값진 경험이 될 것이다."

인도 공장에 도착하기 전까지 그는 인도 공장은 우리나라 70년대 수준일 것이라고 막연히 짐작했다. 그러나 아니었다. 인도 공장이 위치한 첸나이는 주정부에서 제2의 디트로이트로 키우겠다는 목표로 외국 기업에게 시장을 개방한 지역이었다. 날씨는 덥고 공장이 위치한 싶곳(SIPCOT) 공단의 교통은 열악했지만 생산에 차질이 있을 정도는 아니었다.

이상헌 명장은 부족한 점보다 가능한 좋은 점을 보려고 노력했다. 빨리 이곳 상황에 적응해서 장점으로 활용할 부분을 찾고 싶었다. 인도 국민은 우리나라 사람들과 닮은 점이 많았다. 손기술이 좋아 차량 전장

기술이나 정비 기술을 가르쳐주면 바로 습득했다. 자신의 일에는 소홀함이 없었고, 공정작업에 전념했다. 게다가 인력이 넘쳐나 조립라인은 쉬지 않고 돌아갈 수 있었다. 무엇보다 한국 사람들에게 호의적이었다.

그러나 잦은 결근, 자신의 기술을 남에게 잘 가르쳐주지 않는 점이 큰 문제였다. 분임조활동을 전파하려던 이상헌 명장에게 큰 난관이 아닐 수 없었다.

'방법이 없을까?'

이상헌 명장은 그들의 마음을 얻고자 노력했다. 그들의 마음을 얻으

면 통할 거라고 생각했다. 그는 자신을 직장 상사가 아닌 한 가족으로 받아들일 수 있도록 정(情)을 주었다. 한국에서 특별히 주문한 옷이나 양말 혹은 학용품 등을 주기적으로 선물했다. 그들의 집을 찾아가 함께 식사하고 가족들과 시간을 보내며 교감하려고 애썼다. 그렇게 일 년을 단 하루도 쉬지 않고 마음을 전하자 어느 순간부터 현장 사람들이 그를 따랐다.

그렇다고 분임조활동에 긍정적인 영향을 미친 것은 아니었다. 그들에게 분임조활동은 여전히 근무 이외의 또 다른 업무일 뿐이었다. 우리나라에서 처음 분임조활동을 시작할 때와 같았다.

"잔업수당도 없는 일을 왜 합니까?"

분임조활동에 대한 한결같은 그들의 질문이었다.

"분임조활동을 하면 월급봉투에 명시되지 않는 또 다른 성과급이 돌아가는데 …."

쓰나미로 시작된 분임조활동

백 마디 설명보다 한 번의 성공 사례가 중요했다. 기회는 2004년 인도를 덮친 쓰나미와 함께 찾아왔다. 인도와 회사로서는 불운이였지만 오히려 이러한 불운이 분임조활동 활성화의 전기를 마련해줬다.

때 아닌 대형 쓰나미로 출고를 앞둔 1,200대의 차량이 물에 잠겼다.

이상헌 명장은 주재원들과 물에 잠긴 자동차들을 밤새도록 안전한 장소로 옮겨 곧장 수리에 들어갔다. 함께 작업을 하는 이들에게는 성과급을 주겠다고 약속했지만 선뜻 나서는 현지인들이 많지 않았다. 해봐야 안될 게 뻔한 일을 굳이 시간을 들일 필요가 있겠냐는 눈치였다.

그는 주재원들과 함께 팔을 걷어붙였다. 물에 잠겼던 부분을 깨끗이 씻어 낸 다음 주요 부품을 갈아 끼우고 카펫도 다시 깔았다. 불량이 난 전자제품들은 일일이 수리했다. 결국, 물에 잠겼던 차들을 정상 차량으로 복구시켰다.

이러한 노력으로 중고차가 아닌 정상적인 신차 가격으로 판매할 수 있었다. 폐차 처리까지 감내해야 했던 회사에서는 엄청난 원가절감이 아닐 수 없었다. 복구 작업에 참여했던 모든 이들에게 성과급이 지급되는 건 당연했다. 생각지도 못한 커다란 성과급이 함께 작업에 참여했던 현지인들에게도 지급되었다. 업무 이외의 업무라는 인도인들의 고정관념에 금이 가는 순간이었다.

품질관리와는 별도로 시장 상황에 적합한 아이디어에 대한 포상도 이루어져 인도 사람들에게 분임조활동의 필요성을 인식시키는 데 한몫했다.

인도 공장의 변화를 이끌다

인도 사람들은 차량을 구매할 때 딜러를 직접 방문하여 연비와 가격,

품질, 내구성은 물론 디자인까지 꼼꼼히 체크한다. 인도인들에게 차를 판매하려면 인도인들이 좋아할만한 요소를 찾아 제공해야 했다.

이상헌 명장은 여기에 착안해 토론을 했고, 인도인들이 금장 양식을 좋아한다는 사실을 알아냈다. 곧바로 회사의 신차 제작 모델을 비교 검토했다.

그 결과 2006년 출시 예정이던 베르나 후면에 크롬도금 사양이 없다는 것을 발견했다. 그는 즉시 회사에 크롬사양을 장착하도록 설득했다. 그의 제안은 받아들여져 론칭 시점에 맞춰 모든 개선이 이뤄졌고, 신형 차량을 무사히 인도 시장에 출고할 수 있었다.

인도 공장의 직원들은 분임조활동에 대한 회사의 관심과 포상을 보면서 비로소 하나 둘 관심을 갖기 시작했다. 점점 분임조들의 토론이 활성화됐고, 여기저기서 크고 작은 개선 성과가 나타났다. 회사는 그러한 성과에 상응하는 포상을 실시해 현지 분임조원들을 격려했다.

특히 분임조원 가족들까지 회사로 초대하는 자리를 마련해 회사와 분임조원이 별개가 아니라는 것을 가슴으로 느끼게 했다.

이러한 노력으로 이상헌 명장이 인도에서 근무한 5년 6개월 동안 현대자동차 인도 공장은 분임조 스스로 목표를 정하고 의견을 교환하며 개선활동을 하는 게 자연스러운 일상이 되었다. 회사의 발전을 위해, 개인의 성장과 발전을 위해 분임조활동이 필요하다는 것을 스스로 깨달은 덕분이다.

그가 인도 생활을 마치고 한국으로 돌아올 무렵에는 현대자동차 인도 공장의 성적표가 놀랍게 개선되었다. 그가 처음 인도 공장으로 발령받았을 때만 해도 생산량이 연간 18만 대였으나 60만 대로 껑충 뛰었고, IQS 고객만족도 품질평가에서 인도 자동차 회사 중 1위를 차지하기도 했다.

내 삶의 시작인 분임조로 회귀하다

이상헌 명장은 인도에서 돌아와 전주공장으로 복귀한 이후에도 분임조활동을 했다. 그에게 있어 분임조활동은 물리지 않는 음식과 같다. 물린다 싶으면 그를 긴장하고 들뜨게 하는 개선 성과가 나타난다. 마이티 트럭과 관련한 개선활동도 그랬다.

2011년의 일이다. 현대자동차 전주공장에 적신호가 들어왔다. 마이티 트럭의 제동장치가 문제였다. 3.5톤 이하의 마이티 트럭에 짐을 싣고 도로주행 테스트를 해본 결과 핸들이 한쪽 방향으로 자꾸 쏠리는 현상이 발생했다. 이 문제는 안전과 직결되는 중대 사안이었다. 회사는 불모지 분임조에게 문제 해결을 주문했다.

이상헌 명장은 이 문제가 휠얼라이먼트 틀어짐으로 발생하는 문제와 유사하다는 추측 하에 불모지 분임조와 함께 해결하기로 했다.

　조사를 해보니 공장 테스트에서는 캠버, 캐스터, 킹핀 경사각 모두 합격 치수로 데이터가 산출되어 출고되었다. 문제가 없었다.

　그런데 고객 입장이 되어 트럭을 몰아보니 문제가 보이기 시작했다. 트럭에 짐을 싣고 언덕이나 요철 노면을 달리면 프론트 엑슬 조립부품의 유볼트 토크 저하, 스프링 틀어짐, 유동이 문제였다.

　프론트 엑슬은 차량 좌우의 균형을 잡아주는 부품이다. 거기에 문제가 있다면 심각했다. 볼모지 분임조는 엑슬빔에 스프링을 고정시키는 유볼트에 문제가 있다고 생각했다.

　그런데 현상과 원인 데이터를 보며 토론을 하면 할수록 스프링을 잡아주는 핀의 형상(삼각형)에 문제가 있다는 확신이 생겼다. 즉시 유볼트 형상 윗부분을 삼각형에서 라운드 타입으로 변경해 안착력을 안정시켜 하부 충격의 완충을 꾀했다. 또한 조임 토크를 높여서 오랜 시간 주행해도 유볼트가 풀리지 않도록 조치했다.

불모지 분임조는 이 문제를 해결하면서 단독으로 해결할 수 없는 부분은 관련 업체와 협력해 효과적인 방법을 찾아냈다.

예고 없이 찾아 온 난관

그러나 순조로울 줄만 알았던 분임조활동에 생각지도 못한 사고가 발생했다. 문제가 있었던 마이티 트럭에 3톤의 화물을 적재하고 주행 시험장의 코너를 돌다 화물을 묶었던 벨트가 끊어져 차량이 전복됐다. 그 사고로 분임조원과 설계 담당자가 병원에 입원했다. 자칫 목숨까지 잃을 수 있었던 큰 사고여서 분임조원 모두 충격을 받을 수밖에 없었다. 그렇다고 멈출 수는 없었다. 이상헌 명장은 분임조원과 함께 지난 활동을 평가하고 안전을 최우선으로 한 새로운 방침을 세웠다.

그러나 불행은 꼬리를 문다는 말처럼 새롭게 의기투합하기 무섭게 또 다른 비보가 날아들었다. 분임조원 중 한 명이 암에 걸린 것이었다.

'왜 자꾸 이런 일이 생기지?'

이상헌 명장은 가슴이 저미는 듯 아팠다. 암에 무너지기엔 그 친구의 나이가 너무 젊었고 그의 아이들 또한 아직 어렸다. 분임조원 가족 전체 회식을 하며 한 가족같이 지낸 터라 단지 분임조원 한 사람의 일이 아니었다.

'분임조활동으로 스트레스를 받아서 그런 몹쓸 병이 생긴 게 아닐까?' 이상헌 명장은 별의별 생각을 다했다. 불모지 분임조원들은 너나 할 것 없이 소주잔을 기울였다. 계속되는 불운에 이상헌 명장은 저절로 힘이 빠지고 의욕이 사라졌다.

그렇다고 문제 해결을 미룰 수도 없었다. 무엇보다 그동안의 노력으로 문제 해결이 눈앞까지 다가와 있었다. 이상헌 명장은 암 투병을 하고 있는 동료를 위해서라도 기필코 목표했던 성과를 이뤄내자고 분임조원들을 독려했다.

땀과 노력으로 일군 성과

하늘은 스스로 돕는 자를 돕는다고 했던가. 스프링 센터 홀 불안정으로 차량 제동 시 떨림이 발생하던 것이 해결되었다. 협력업체 담당자의 아이디어가 문제 해결의 키포인트가 되어 주었다. HMC설계팀은 스프링 평탄도 관리와 열처리 표준을 도면에 기록해주고 페인팅 ES 표준을 규제하여 완벽한 스프링 부품을 제조할 수 있도록 도와주었다.

불운이 있었지만 불모지 분임조는 분임조원 모두의 땀과 노력 여기에 여러 사람의 헌신과 도움으로 프로젝트를 성공적으로 마무리할 수 있었다. 그렇게 이뤄 낸 불모지 분임조의 개선 성과는 2012년 12월부터 신규 부품에 적용되었다. 당연히 2013년부터 출고된 차량은 품질이 향상됐다.

불모지 분임조는 결과까지 훌륭하게 입증된 개선 사례로 전국품질분임조경진대회에 출전했다. 그러나 이번에도 불운이 찾아왔다. 극도의 긴장 상태가 장기간 지속된 게 원인이었을까? 이상헌 명장은 '자율신경저하증' 판정을 받았다. 사실상 대회 참석은 불가능했다. 이상헌 명장은 자신 때문에 불모지 분임조가 대회를 포기해선 안 된다고 생각했다. 그래서 그는 결국 회사와 동료 모두에게 병을 숨기고 대회에 참석했고 그들의 바라던 대통령상 금상을 받았다.

이상헌 명장은 품질명장에 선정되었을 때도 그런 감격을 느끼지 못했을 만큼 기쁨이 컸다. 개인이 아닌 불모지가 거둔 기쁨이고 감격인 까닭이었다.

Quality Inside

현대자동차 분임조활동의 6가지 주안점

2013년 현대자동차는 글로벌 Top5를 달성했다. 현대자동차의 핵심 경쟁력인 품질과 기술 그리고 노력의 결과다. 현대자동차는 현장에서부터 품질을 확보하기 위해 분임조활동을 적극 지원하고 있으며, 개선과 혁신을 지속할 수 있는 시스템을 운영하고 있다.

현대자동차가 분임조활동을 활성화하기 위해 강조하는 것은 크게 여섯 가지이다.

첫째, 현장 개선활동은 혼자 하는 것이 아니다. 전원참여를 통해 개선을 실시한다.

둘째, 고객의 안전과 행복을 끝까지 책임지는 최고 수준의 제품을 생산한다.

셋째, 창의적인 개선 활성화에 큰 공을 세운 분임조는 현대자동차 위상에 걸맞는 포상을 한다.

넷째, 무한한 성장과 발전을 추구하는 DNA를 만들고 전 세계에서 최고 품질을 달성한다.

다섯째, 분임조는 편안함과 현실 안주를 거부하며 실패를 두려워하지 않고 신사업을 개척하는 정신으로 무장한다.

여섯째, 작은 가능성을 현실로 실현함으로써 근원적인 부가가치를 창출하고 인류애를 구현한다.

내가 변해야
회사가 변한다

이영균 품질명장 LG화학 오창공장

- 1967년 출생
- 現 광학소재 설비보전팀 실장
- 2011년 국가품질명장
- 2010년 품질유공자 표창(충북도지사)
- 2009년 전국품질분임조경진대회 금상 수상

새로운 집단에서는 새롭게 태어나야 한다

갓 입대하여 훈련소에서 가장 많이 들었던 말이 있다.

"네가 밖에서 어떤 놈이었던지 상관없다. 여기서는 완전히 새롭게 태어난다."

당시 이영균 명장에게 이 말은 꽤나 충격적이었다. 새로운 집단에서 개인은 새롭게 태어나야 한다는 깨달음 때문이었다. 이때 느낀 깨달음은 이후 회사 생활에 많은 영향을 끼쳤다. 이영균 명장은 몇 번의 업무 변경과 어려운 도전이 있을 때마다 두려움보다 설렘을 느끼려고 애썼다.

그러나 그게 생각처럼 잘 되지 않을 때도 많았다. 준비되어 있지 않은 상황에서 오는 기회는 설렘이라기보다 두려움이었다. 두려움을 설렘으로 바꾸기 위해서는 실력이 필요했다. 끊임없이 배우고 자기계발에 힘썼을 때 비로소 현실에 안주하지 않고 변화를 즐길 수 있게 되었다.

"PM실을 어떻게 만들고 싶습니까?"

편광필름이라는 것이 있다. 노트북이나 모바일 기기의 화면에 사용되는 필름이다. LCD 제품에는 이 편광필름이라는 것이 꼭 쓰이기 마련이다. 이영균 명장이 일하는 오창공장이 이 편광필름을 만드는 공장이다. 그는 이곳에서 2006년까지 엔지니어로 지원 업무만 했다. 그러다 그 해 여름, PM실 실장으로 발령 받으면서 분임조활동을 시작했다. 이것이 스피드 분임조와의 만남이었다. 분임조원들과의 첫 만남에서 분임조원 한 명이 느닷없이 이런 질문을 던졌다.

"실장으로서 PM실을 어떻게 만들고 싶습니까?"

당황스러웠지만 그동안 생각해 오던 바를 솔직히 말했다.

"회사 경영환경이 어려운 상황이지만 흔들리지 않는 조직을 만들고 싶습니다. 그러기 위해서는 우리의 존재가치를 스스로 높여야 합니다.

그 일을 위해 제가 왔고 스피드 분임조 여러분들과 함께 만들어 갈 것입니다."

그것은 대답이기에 앞서 이영균 명장의 다짐이자 각오이기도 했다.

지원부서는 혁신활동 성과를 낼 수 없다?

당시 PM실의 분임조는 생산설비 유지보수 및 유틸리티 설비 운전 업무를 담당하고 있었다. 그러다보니 PM실의 분임조는 효과 금액에서 생산부서 분임조에 밀릴 수밖에 없다는 인식이 강했다. '지원부서는 혁신활동 성과를 낼 수 없다'는 선입견이 PM실 분임조원들의 뇌리에 박혀 있었다. 열심히 해봤자 그 공이 생산부서로 돌아갈 게 뻔하다는 피해의식이기도 했다. 예상을 못했던 것은 아니지만 직접 눈으로 확인을 해보니 생각보다 무기력한 상황이었다.

광학소재 사업부 설비지원 업무를 담당하던 스피드 분임조 역시 과거 선배들이 걸어왔던 길을 그대로 답습하려 하고 있었다. 이영균 명장 역시 처음에는 어떻게 해야 분임조원들의 적극적인 참여를 이끌어 낼 수 있을지 판단이 서지 않았다.

'생산부서를 지원하는 것도 가치 있는 일이다. 남들이 우리 업무의 중요성을 알아봐주지 않는다고 불평하기보다 회사의 개선활동에 초점을 맞춰보자.'

이영균 명장은 일단 이렇게 마음을 먹고 분임조활동을 시작했다. 하지만 개선활동을 하면 할수록 의아하게도 개선활동에서 소외되는 느낌을 지울 수가 없었다.

"실장님, 열심히 해도 사내에서는 생산 현장의 개선활동에만 관심을 가지는 것 같아요."

여기저기서 볼멘소리가 흘러나오기 시작했다. 이대로 가다간 PM실의 미래를 스스로 가둬버릴 것 같았다. 이대로 손을 놓고 방관할 순 없었다.

분임조원의 사기를 끌어올리자

"지금까지 우리 부서는 혁신활동의 성과가 미미했습니다. 하지만 이는 앞으로 우리의 행동에 따라 얼마든지 바뀔 수 있다고 생각합니다. 우리 PM실도 생산 현장 못지않은 개선활동을 할 수 있다는 걸 보여줍시다."

이영균 명장은 분임조원 전체를 소집하여 독려했지만 뾰족한 방도가 떠오르지 않았다. 그렇다고 가만히 있을 수 없었던 그는 분임조원들을 믿고 격려하면서 자율적인 활동에 대해선 최대한 지원하였다.

시급한 것은 패배의식에 젖어 있는 분임원조들의 사기부터 끌어올리는 일이었다. 그러기 위해서는 짧은 시간 안에 개선 성과를 성공적으로 체험할 필요가 있었다. 우선 실시하기만 하면 가시적인 성과가 당장 나타날 수 있는 개선사항부터 실천하였다. 그리곤 "보세요. 우리도 하니까 되잖아요" 라며 스스로 성과를 확인하게 했다.

아무리 작은 성과라도 그에 상응하는 보상을 했다. 그럼으로써 개선활동에 대한 동기를 부여했다. 개개인의 능력치를 끌어내기 위해 자격증 취득을 위한 스터디 그룹을 조직했으며, 회사가 마련한 자기계발 지원 프로그램에도 적극 참여하도록 했다.

전국품질분임조경진대회 출전을 목표로 삼다

그런 일련의 과정을 통해 분임조원들 스스로 세운 목표가 전국품질분임조경진대회에 출전하는 것이었다. 생산부서에 밀려 제대로 평가받지 못하는 지원부서 분임조의 서운함을 대회 출전을 통해 털어보자는 것이었다. 이영균 명장 역시 충분히 도전해볼 가치가 있다고 판단했다.

지원부서 분임조인 만큼 다른 분임조에 비해 가시적 성과에 대한 부담은 없었다. 다만 어떤 주제로 대회 출전을 준비할 것인가가 문제였다. 그러나 이 문제는 우연한 기회에 자연스럽게 해결되었다.

2008년 상반기에 접어들면서 국제 유가의 급격한 상승과 함께 환율 상승이 일어났다. 순식간에 잘나가던 사업부마저 사업실적 적자를 걱정해야 했다. 급격한 경영 악화가 예상되는 상황에서 낭비되고 있는 에너지는 없는지 공장 내부를 둘러볼 필요가 있었다. 때마침 정부의 저탄소녹색성장 정책과 LG그룹이 전사적으로 추진 중인 온실가스 배출량 감소 정책이 맞물렸다. 스피드 분임조는 이와 관련한 문제를 주제로 잡고 테마 해결방안을 찾기로 했다.

RTO의 에너지를 절감하라

알고 보면 도처에 널린 것이 낭비이다. 다만 주인의식이 결여된 상태에서는 알아차리기 힘들 뿐이다. 스피드 분임조는 회사의 위기가 곧 자신들의 위기로 인식하고 적극적으로 에너지 절감을 위한 조사 작업에 착수했다.

그들은 RTO(축열식소각장치) 설비에 주목했다. RTO란 제품 생산 과정에서 발생한 유해성분(VOCs)을 고온의 열로 태워 대기 중에 방출해도 안전한 상태가 되도록 만들어 주는 환경설비이다. 환경을 최우선으로 생각해야 하는 회사 입장에서는 없어서는 안 될 중요한 설비지만, 에너지 효율 측면에서는 애물단지이기도 했다.

우선 광학 2동에 가동 중인 RTO 설비 4대에 대한 가동 시간별 LNG(도시가스) 사용량부터 조사했다. 그 결과, RTO 3호기의 LNG 평균 사용량이 시간당 108.2 Nm³(이하 루베)로 조사되었다. 요인별 세부조사 결과에서도 정상운전, 초기 상열, 규격 교환 등 3가지 조건에서 전체 사용량의 84.1% 비중을 차지해 개선이 시급한 상태였다. 스피드 분임조는 LNG 사용량이 가장 많은 RTO 3호기 개선을 위해 모든 역량을 집중하기로 했다.

곧장 RTO 설비의 LNG 사용량 과다 원인을 주요 요인 계통도로 분석하였다. 이러한 분석 결과를 토대로 스피드 분임조는 시간당 소비하는 LNG 사용량 108.2루베를 43루베로 60.3% 감소하는 목표를 잡았다. 목표를 달성하기 위해선 액상제 별 운전조건 설정과 열 통과시간 개선 그리고 초기 예열시간 단축 및 버너 조작 방법을 변경할 필요가 있었다.

1%의 가능성에 도전

구체적인 개선방안을 마련하기 위해 스피드 분임조는 생산팀과 더

불어 환경설비 전문업체인 테크원과 설비 엔지니어가 함께 참여하는 협업 시스템을 구축했다. 협업을 통해 축열 방법을 기존의 43셀 4단 축열 방식에서 43셀 3단 축열 방식으로 바꾸고 새들 형식의 축열재를 추가하는 게 최선의 방식이라는 결론을 내렸다. 이에 따라 설비를 재정비하고 가동한 결과, 780도 이상의 열이 체류하던 시간이 10분에서 320분으로 비약적으로 늘어났다. 그렇게 얻은 축열량으로 시간당 LNG 사용량이 64.6루베에서 33.2루베로 48.6% 절감되었다.

비록 목표 절감량 60.3%에는 미달했지만 놀랄만한 성과였다. 그런데 결과를 묵묵히 지켜보던 박진훈 분임조장이 한마디 했다.

"무연료로 운전해보면 어떨까요? 불가능할 것 같진 않은데요."

RTO 시설은 LNG를 사용하여 780도 이상을 유지해야만 VOC 가스를 태울 수 있었기 때문에 LNG를 사용하지 않고 RTO를 운전하는 것은 불가능해 보였다. 분임조원 대다수도 고개를 갸우뚱거렸다. 하지만 불가능해 보여도 1%의 가능성만 있다면 도전할만한 가치는 있었다.

"한번 해봅시다. 무연료를 추구하면 최소한 그 근처는 가지 않겠습니까?"

무모하다는 의견도 있었지만 이영균 명장은 목표를 세운 이상 부딪쳐 보기로 했다. 우선 검토 대상에 오른 것이 건조오븐 압력조절 방식이었다. 당시만 해도 압력을 조절하려면 직원이 수동으로 양압을 조정하였기 때문에 인력과 에너지 효율 두 가지 측면에서 낭비가 발생했다. 분임조 회의 결과보다 효율적인 운전자동화가 필요하다는 결론에 도달했다. 하지만 자동화를 하겠다는 의지만으로 기계가 스스로 인공지능이 될 수는 없었다.

오랜 시간을 매달려야만 했다. 자동연산 프로그램 자체가 없었기 때문에 직접 프로그램을 개발하여 적용해야만 했다. 압력센서도 설치해 자동으로 양압을 조절하게 하였고, 미세 풍량 조절까지 자동화했다. 내친 김에 건조 오븐에서 발생되는 VOC 가스와 공기의 혼합비율 조절을 위한 자동밸브도 설치했다.

생산현장에서는 스피드 분임조가 해결이 불가능한 문제로 시간 낭비를 한다는 소문이 떠돌았고, 두세 배 많은 일을 해야만 했던 분임조원들에게서도 불평이 터져 나왔다. 하지만 이영균 명장과 스피드 분임조원들은 할 수 있다는 긍정적인 마인드로 서로를 다독이며 우직하게 버텼다. 그렇게 몇 개월이 지나자 현장에서도 그들을 보는 눈이 달라지더니 급기야 도와주는 사람도 생겨났다.

그렇게 오랜 시간 공을 들여 개선한 자동화 시스템의 효과는 실로 놀라웠다. 앞서 축열제 타입 변경으로 33.2루베까지 절감했던 에너지를 운전 자동화로 다시금 0.1루베까지 줄여 도합 99.7% 에너지 절감이라는 믿기 힘든 성과를 거두었다. 코팅액상제가 투입되는 정상적인 작업

조건이라면 무연료 운전 또한 가능하겠다는 희망을 얻게 되었다.

거꾸로 태워보자

획기적인 성과에 이영균 명장과 스피드 분임조는 더욱 자신감이 붙었다. 분임조가 처음 결성되었을 때의 무기력한 모습은 더 이상 찾아볼 수 없었다. 분임조원들은 LNG를 줄일 수 있는 것이라면 어디서든 아이디어를 찾는 모습으로 변했다. 그 일례가 바로 '거꾸로 태워보자'는 것이었다.

아이디어의 최초 제안자는 권혁원 분임조원이었다. 퇴근하여 TV를 보던 중 '거꾸로 타는 보일러' 광고를 보고 그 원리를 RTO에 적용해보자고 제안한 것이다. 분임조원들 모두 참신한 발상이라며 다시 개선활동에 나섰다. 거꾸로 태워보자는 아이디어는 성공적인 결과를 만들어 냈다. 아이디어를 접목하기 전에는 다 쓴 폐열을 대기 중에 100% 날려보냈다. 그러나 이 아이디어로 폐열을 다시 회수하여 재활용할 수 있게 되었다. 그렇게 재활용한 폐열로 월 평균 8,239루베의 에너지를 또다시 절감하게 되었다.

스피드 분임조는 여기에 그치지 않고 또 낭비되고 있는 LNG는 없는지 직접 현장에 나가서 RTO 운영 방식을 면밀하게 살펴보았다. 그러자 제품 규격을 교환할 때 태워야 할 VOC 가스가 없는데도 불구하고 LNG

를 이용하여 온도를 유지하는 것을 발견하게 되었다. 품종 교환에 걸리는 시간이 대략 3시간이라는 점을 감안하면 그 시간만큼 LNG가 낭비되고 있다는 소리였다.

'제품 규격을 교환할 때 LNG 공급을 중단하면 어떨까?'

머리로만 생각해서는 확실한 해답을 구할 수 없었다. 이영균 명장과 분임조원들은 하루 중 기온이 가장 낮은 밤부터 새벽까지 버너의 온도 변화를 30분 단위로 체크했다.

그 결과 780도에서 버너를 정지하면 3시간이 지난 후 온도는 580도까지 하강하며, 다시 780도까지 상승하는데 42분(0.7시간)이 소요된다는 것을 알게 되었다. 달리 말하자면 2시간 18분 동안 LNG가 불필요하게 소모된다는 것이고, 품종 교환 시 2시간 18분 동안 버너를 잠그면 그 시간만큼 LNG를 절감할 수 있다는 뜻이었다. 즉시 버너의 운전조건을 변성하여 품종 교환 시 버너를 잠그는 방식을 도입하였다. 아니나 다를까 그 방식을 도입한 뒤로 월 평균 5,746루베의 LNG가 다시 절감되었다.

지역 도시가스 업체도 황당

스피드 분임조의 활동으로 RTO 설비의 LNG 절감량은 총 62,690루베에 이르렀다. 개선 전 월 평균 LNG 사용량이 70,400루베였던 것이 개선 후에는 7,710루베로 뚝 떨어졌다. 30평 아파트의 가정용 보일러 한 달 LNG 사용량이 90루베 정도인 것을 감안했을 때 개선 전 RTO 설비가 30평 아파트 782세대만큼의 LNG를 소비했다면 개선 후에는 86세대 사용량으로 감소된 것이다. 금액으로는 연간 4억1,500만 원이 절약된 셈이었다.

이 때문에 웃지 못할 해프닝도 있었다. 지역 도시가스 업체가 "LG화학 LNG 유량계가 고장 난 것 같다"며 직원을 보내 유량계를 뜯어본 것이다. LNG 사용량이 2008년 10월부터 감소하더니 12월에는 대형 식당의 사용량보다 낮았기 때문이다.

지역 내 최대 VIP 고객을 잃어버린 도시가스 업체는 이들의 개선 내용을 믿으려 하지 않았다. 이영균 명장은 자신들이 개선한 내용을 설명해주고, RTO 설비를 운영하는 모습을 도시가스 업체 관계자에게 보여줬다. 결국 이들도 믿고 싶지 않았던 현실을 인정할 수밖에 없었다.

스피드 분임조는 RTO 설비 개선을 테마로 2008년 하반기 공장대회에서 우수상을 받았으며, PM실은 S-TPM 활동 최우수실에 선정되었다. 또한 전국품질분임조경진대회에 출전해 금상을 수상하는 쾌거도 이뤘다. 당초 목표보다 1년을 앞당긴 전국품질분임조경진대회 출전이었으며, 지원부서로는 처음 있는 일이었다.

이영균 명장은 스피드 분임조의 우수한 성과를 뒤로 하고 2010년 11월, 부서를 옮겨 사업부 안전관리 업무를 맡게 되었다. 이곳에도 분임조는 있었지만 활동은 전혀 하지 않았다. 심지어 분임조의 이름도 없었다. 안전 간사들도 분임조활동을 하지 않는 사람들이 대부분이었다. 답이 보이지 않았다. 이영균 명장은 또 다시 출발한다는 자체가 두려웠지만 1% 가능성만 있어도 도전해볼 가치가 있다는 자신의 신조를 다시한번 믿기로 했다.

먼저 분임조의 대내외적인 활동을 위해 이름을 무재해를 상징하는 '녹십자'로 짓고 등록했다. 다음으로 업무 수준이 어느 정도인지를 파악한 뒤 가장 기본적인 개선활동부터 진행했다. 개인별로 진행하는 업무를 주기별로 리스트하여 진행 내용을 파악했다.

시작하기 무섭게 분임조원들 사이에서 불만이 터져 나왔다. 기존 방식대로 편안하게 일을 하면 됐지 무슨 분임조활동이냐는 것이었다. 이영균 명장은 불만을 없애기 위해서라도 수시로 분임조원들을 붙들고 이야기를 해야 했다.

"단순 반복적인 업무만 한다면 발전을 기대하기 어렵습니다. 회사에도 도움이 안 되지만 스스로에게도 도움이 되지 않습니다."

이영균 명장은 분임조원 스스로 그것을 받아들이게 하였다. 동시에

분임조원들과 함께 안전공학을 공부하는 스터디 모임을 열었고, 숙제도 내주었다. 안전에 관련된 자료를 찾아서 요약한 뒤 PPT 자료로 만들어 발표를 하는 것이었다. 아는 것을 말로 표현할 수 있도록 하는 일종의 훈련이었다. 스터디와 발표가 이어지면서 분임조원들의 변화가 조금씩 감지되었다.

분임조원들의 사기를 높이기 위해 스피드 분임조에서 했던 방식대로 당장 할 수 있는 개선방안을 찾아 실시했다. 그 중 하나가 '커터 칼에 의한 베임 사고를 방지'하는 것이었다. 회의를 거듭한 끝에 시중에서 구할 수 있는 커터 칼에 자동복귀 스프링 장치를 만들어 사업부에서 사용해 보았다. 기대 이상의 효과가 입증되었다.

곧바로 이 커터 칼을 안전 주관부서를 통해 전 공장에 전파하여 사용하게 하였다. 비슷한 타입의 안전 칼이 이미 등록되어 있어 특허 출원에는 실패했지만 실망하지는 않았다. 누군가 특허까지 받아낸 것을 자신들 스스로 만들어 냈다는 자부심으로 체화시켰다.

그렇게 시작한 녹십자 분임조는 '슈퍼맨이 되어보자'는 구호와 함께 3년 동안 분임조활동을 펼쳤다. 그 결과 모든 분임조원들이 산업 안전 기사, 소방 설비, 가스, 위험물, GB, MGB 자격증 등을 취득하여 안전 전문가로 다시 태어났다. 이러한 노력으로 이제는 회사 내 모든 사업부와 공장 안전관리부서에서도 녹십자 분임조원의 활동 성과와 능력을

인정한다. 나아가 다른 사업부에서도 녹십자 분임조활동을 모델 삼아 분임조활동을 시작하였다. 분임조와는 담을 쌓고 있었던 초창기 녹십자 분임조를 생각하면 자랑스러운 결과가 아닐 수 없다.

내가 변하면 세상도 변할 수 있다

분임조활동으로 인한 가장 큰 성과는 분임조원들의 자신감 회복이다. 스피드 분임조가 성과를 내면서 지원부서는 분임조활동에 성과를 낼 수 없다는 인식이 완전히 사라졌다. 녹십자 분임조 역시 현장사원의 능력이 어디까지 올라갈 수 있는지 끊임없는 자기계발을 통해 능력의 한계를 시험하고 있다.

대다수의 사람이 직장 생활의 목표를 가지고 있지만 그 목표를 이루기 위한 노력은 결여된 경우가 많다. 설정한 목표가 추상적이거나 막연하기 때문이다. 이영균 명장 또한 그랬던 시절이 있었다. 목표가 결여된 생활을 할 때마다 이영균 명장 마음속에는 불만이 쌓여갔고 이대로 살아서는 안 되겠다는 생각이 들었다. 그 뒤로 이영균 명장의 삶은 원하는 삶을 찾기 위한 고난의 연속이었다.

제대 후 1년간 열심히 공부하였으나 교육대학교 입학에 실패했고, 연암공업전문대학 재학 중 공군기술 준사관으로 다시 군 복무를 하려고 계획을 세웠지만 준사관 채용제도가 변경되어 그마저 뜻을 이루지 못했다.

그는 자신이 뜻한 바를 이루지 못할 때마다 '자기 스스로 한계를 인정하는 순간 그 사람의 미래는 없다. 미래는 준비하는 사람을 위한 최고의 선물이다'라는 좌우명을 되새겼다. 언제나 새로운 도전을 위해 끊임없이 노력하고 준비하면 기회는 주어진다고 생각했다. 기다리기만 하면 기회는 오지 않았다.

처음부터 잘하는 사람도 아니었고, 오랜 기간을 아픔을 겪어봤기 때문에 이러한 노력은 그를 성장시켰다. 분임조활동을 하며 깨달은 것이 있다. 자신이 변하면 남들도 변한다는 것이다. 그런 점에서 분임조활동은 사람과 사람의 관계에 대해 눈을 뜨게한 고마운 만남의 장이다.

"내가 변하면 동료가 변하고, 부서가 변하면 회사도 변합니다."

이제 그는 이 세상도 변할 수 있다고 믿고 있다.

LG화학의
분임조활동 포상제도

LG화학은 실 단위에 1~3개의 분임조가 구성되어 있고, 이를 지원하는 단위 사업부의 혁신지원파트와 공장 차원의 혁신지원팀이 있다.

LG화학의 분임조는 전원 참여에 의한 현장 실행 중심의 TPM활동과 환경 변화에 신속히 대응할 수 있는 현장 역량 강화를 위주로 활동하고 있다.

분임조활동 활성화를 위해 타회사에 뒤지지 않는 전폭적인 포상제도가 마련되어 있다. 활동 성과에 대한 포상은 물론, 해당 직원에 대해서는 해외연수를 실시한다.

뿐만 아니라 개인별 개선 성과를 격려하기 위해 '개선 스타'와 '개선 마스터'를 선정하여 마일리지에 따른 포상도 하고 있다.

다양한 포상 제도들은 분임조원들로 하여금 동기부여를 하는 데 큰 역할을 하고 있다. 포상을 바라고 일하는 것은 아니지만 열심히 하면 보상을 받는다는 정직한 순리를 체감케 하는 것이다.

투쟁이 아니라 개선으로 승부한다

백 대 운 품질명장 S&T중공업 창원공장

- 1966년 출생
- 現 차량사업팀 파트장
- 2012년 철탑산업훈장 수상
- 2010년 전국품질분임조경진대회 금상 수상
- 2008년 국가품질명장

노조 '드림팀' 품질활동에 뛰어들다

"완전 고용 보장하라."

"보장하라, 보장하라."

S&T중공업은 전신인 옛 통일중공업 시절부터 극렬한 노조 활동으로 이름난 회사였다. 투쟁과 파업이 그칠 날이 없었다. 상황이 어수선하다보니 제조업체임에도 현장 개선활동이 활성화되지 못했다. 회사에서는 경영 위기 극복과 경쟁력 강화를 위해 현장의 품질활동을 적극

장려했지만 제대로 된 성과를 기대하기는 어려운 상황이었다.

사람들은 품질활동에 대한 이해가 부족하다보니 분임조활동에 대한 부정적인 인식이 강했다. 현장 직원들은 분임조활동이 결국 '회사에만 득이 되고 개인들에게는 피해가 되는 일'이라고 생각했다. 이것이 2005년 이전까지 S&T중공업의 현장 분위기였다.

품질활동을 강화하기 위해 회사에서는 현장의 조직적인 활동을 장려했고 이것이 결국 품질분임조활동으로 발전했다. 이러한 분위기 속에서 훗날 S&T중공업의 대표 분임조로 성장하는 '등대 분임조'가 탄생했다.

붉은 머리띠 풀고 아이디어 수첩을 들다

등대 분임조는 캄캄한 밤바다를 쉽게 항해할 수 있도록 비춰주는 등대처럼 어려운 회사의 등대가 되고픈 마음에서 붙여진 이름이다.

등대 분임조는 구성원부터 남달랐다. 노조 전직 위원장, 부위원장, 총무부장, 고용부장 등 다양한 이력의 노조 전·현직 간부들이 대거 참여한 노조의 '드림팀'이었다.

하지만 이 때문에 노조원들 사이에서 곱지 않은 시선도 있었다.

"노조 활동가들이 갑작스럽게 무슨 분임조활동을 한다는 거지?"

분임조 내부에서도 마찬가지였다. 비판적인 사고가 몸에 벤 사람들이라 개선활동과 관련한 회합이 있을 때면 부정적이거나 비판적인 의견이 주류를 이루었고, 그 때문에 제대로 된 토론이 이루어지지 않는 날이 많았다. 무엇보다 회사를 위한 활동이라면 내용을 끝까지 들어보기도 전에 우선 부정부터 하고 보는 분위기였다.

하지만 시간이 흐를수록 분임조원들의 생각도 조금씩 바뀌어갔다. 개선은 회사에 도움이 될 뿐만 아니라 자기 자신에게도 도움이 되는 일이라는 것을 깨닫기 시작했다. 분임조원들은 투쟁으로 상징되는 붉은

머리띠를 풀고 아이디어 수첩을 손에 든 채 현장을 누비면서 조그마한 개선부터 차근차근 재미를 붙여 나갔다.

노조 간부 출신 '제안왕'

"어떻게 하면 사측을 상대로 이길 수 있을까?"

노조 고용부장답게 백대운 명장의 관심은 주로 회사와의 관계에 집중되어 있었다. 경영진을 상대로 임금 인상이나 처우 개선을 요구하려면 목소리만 커서는 안 되었다. 그들보다 더 회사 현장 구석구석에 대해 속속들이 알고 있어야 제대로 된 대화를 나눌 수 있었다. 그런 생각에서 고민한 끝에 제안활동을 시작했다.

노동운동의 올바른 목적은 투쟁을 통해서 무언가를 얻어내는 것이 아니라 나와 동료가 조금 더 나은 환경에서 일하고 좀 더 나은 것을 누리는 데 있다고 믿었다. 그 목표를 달성할 수 있게 해주는 지름길이 바로 현장 개선활동이었다.

그는 열정적인 노조 활동가였지만 회사 내에서도 소문난 아이디어 맨이었다. 회사 내 현장 사람들이 느끼는 불편함과 어려움에 관심을 갖고 개선할 점들을 찾아보았다. 그랬더니 문제점들이 하나 둘 씩 눈에 보이기 시작했다. 백대운 명장은 등대 분임조의 핵심 멤버로 활동하면서 현장 개선활동에 뛰어들자마자 바로 전사 '제안왕'에 오르는 기염을

토했다.

"고용부장이 제안왕을 해도 되는 거야?"

"회사에 이용 당하는 것 아닙니까?"

"몇 사람 고생한다고 해서 현장이 바뀌는 것 아닙니다. 그만 하시죠."

회사와 투쟁을 해서 하나라도 더 얻어내야 하는 노조 고용부장이 회사의 정책에 지나치게 잘 따르는 것에 대해 현장에서 수군거리기 시작했다. 동료, 선후배들의 이러한 시선과 평가는 백대운 명장을 외롭게 했지만 그들의 심정을 모르지 않았다.

백대운 명장은 고집을 꺾지 않고 조금 더 그들에게 가까이 다가갔다. 한 해 동안 제안활동 상금으로 받은 2백여만 원을 모아 명절 때 선물을 사서 현장에서 열심히 일하는 동료들에게 나눠주면서 제안의 공로를 그들에게 돌렸다. 개선이나 제안활동이 개인의 영달을 위한 활동이 아니라 함께 히는 즐거움이라는 인식의 변화를 유도하기 위해서였다.

이러한 노력들이 소리 없이 현장 사람들의 마음속으로 스며들었다. 조금씩 그를 보는 시선이 달라지는 것도 느낄 수 있었다. 따가운 시선 속에서도 새로운 희망의 싹을 발견할 수 있는 것이 큰 소득이었다. 현장 개선의 희망으로 그는 2005년 노조위원장 선거에도 출마했다. 하지만 아쉽게도 고배를 마시고 말았다.

"모두가 잘 사는 길로 나가자"는 그의 주장은 선명한 투쟁을 주장했던 '강성' 후보의 목소리에 묻히고 말았다. 아쉬움이 컸지만 그는 깨끗이 패배를 인정하고 지금까지와는 다른 새로운 길로 나서기로 결심했다.

"더 많이 공부하고 열심히 개선활동을 해서 새롭게 성장하는 모습을 보여드리겠습니다. 감사합니다."

투쟁이 아니라 개선으로 승부한다

"이제는 투쟁이 아닌 개선으로 승부한다."

2006년 경기도 수원에서 열린 전국품질분임조경진대회 발표장에 낯선 플래카드가 등장하자 주최 측은 물론 심사위원, 참가자들 모두 다소 긴장한 표정이었다.

'투쟁'이나 '승부' 같은 단어들은 분임조활동과는 다소 거리가 먼 단어들이었다. 이 플래카드의 주인공은 바로 S&T중공업 등대 분임조였다.

일반적으로 노조는 분임조활동에 소극적이라는 인식이 강한 편이다. 그런데 노조 핵심 멤버들이 주축이 된 분임조가 등장했으니 사람들이 놀라는 것도 무리는 아니었다. 이들은 대회 내내 참가자들 사이에서 화제가 되었다.

2006년 전국품질분임조경진대회는 S&T중공업 입장에서도 의미가 있는 대회였다. 어려웠던 경영환경 탓에 주춤했던 분임조활동이 다시 활성화되는 계기가 됐기 때문이다. 특히 사장이 대회가 열리는 수원까지 직접 찾아와 대회를 참관했다. 이 사실에 분임조원들은 모두 깜짝 놀랐다. 사장은 결과에 상관없이 직원들이 자랑스럽다면서 격려를 아끼지 않았다. 등대 분임조는 처음 출전한 대회에서 동상을 수상했다.

비록 동상에 그쳤지만 회사 전체로는 큰 경사였고 기쁨이었다. 특히 노동조합의 활동가들이 뭉쳐서 만든 분임조였기 때문에 현장에 대한 파괴력도 대단했다. 회사 내 많은 사람들이 분임조활동을 '회사를 위한 활동'이라고 생각했다. 그러나 지금보다 쉽고 편하고 다치지 않게 일할 수 있는 환경을 만드는 일이라는 것을 알게 되면서부터 현장은 새로운 개선 의지로 활력을 띠기 시작했다.

2006년의 대회는 S&T중공업 경영진들과 현장 사원들 간의 새로운 소통의 기회가 됐고, 품질분임조활동에 대한 인식을 바꾸고 자부심을 갖게 하는 일대 전환점이 됐다.

무산된 2년 연속 전국품질분임조경진대회의 꿈

회사 설립 이후 최초로 전국품질분임조경진대회에 출전해 입상을 한 후 회사 내에서 등대 분임조의 위상은 크게 달라졌다. 경영진은 물론 동료 사원들로부터도 높은 평가를 받았다.

회사 안팎의 기대를 한 몸에 받으며 이듬해인 2007년에도 지역 분임조경진대회인 경남 품질분임조경진대회에 2년 연속 회사 대표로 출전했다. 그해 목표는 당연히 금상이었다. 개선 내용은 차축 가공 공구를 개선해 작업량과 시간을 크게 줄인 것이었다. 아이디어도 좋았고 개선 효과도 뛰어났다.

개선 전에는 홀 드릴로 구멍을 뚫은 다음, 바로 이어 면취 드릴로 구멍을 매끈하게 만드는, 두 번의 드릴 작업을 해야 했다. 하지만 새로운

작업 공구의 개발로 이 작업을 한 번으로 줄였다.

드릴의 앞부분은 홀 드릴, 뒷부분은 면취 드릴 기능을 할 수 있는 복합 드릴을 개발하여 드릴 작업 한 번만으로 구멍을 뚫는 작업과 뚫은 구멍을 매끈하게 만드는 작업을 동시에 할 수 있게 됐다. 당연히 작업량과 작업시간을 크게 줄일 수 있었다.

비록 구멍 하나 뚫는 일이지만 차축 가공 작업 전체로 확산하니 그 파급 효과는 엄청났다. 드릴을 새로 만드는 데 150만 원의 비용이 들었지만 구멍 뚫는 작업을 한 번으로 줄인 결과 연간 6억 원 이상의 비용을 줄일 수 있었다. 백대운 명장은 지역 분임조경진대회 정도는 가볍게 통과할 수 있을 것이라는 자신감으로 충만했다.

믿을 수 없는 결과, '멘붕'에 빠지다

"S&T중공업 등대 분임조, 장려상입니다."

모두 귀를 의심할 수밖에 없는 결과였다.

"뭔가 심사가 잘못된 것 아닙니까? 점수를 다시 확인해 주십시오."

분임조원들이 심사위원들에게 이의를 제기할 정도로 결과는 뜻밖이었다. 지역 분임조경진대회쯤은 당연히 통과할 것으로 생각했고, 관심은 오로지 전국품질분임조경진대회의 메달 색깔이 무엇이냐 하는 것이었다.

의외의 결과를 분임조원들은 쉽게 받아들이지 못했다. 충격적인 결과와 함께 전국품질분임조경진대회 2년 연속 출전이라는 꿈도 허공 속으로 날아가 버렸다. 기대가 컸던 만큼 실망도 컸다. 분임조원들은 공황 상태에 빠져들었고 이러한 심리적 공황이 장기화되면서 의욕 상실로 이어졌다.

조직 개편으로 기존 분임조원 2명이 전출가고 새롭게 6명이 전입하면서 등대 분임조의 활동은 위축될 수밖에 없었다. 개선활동은커녕 회합도 어려운 상황이 됐다.

개선활동, 거센 역풍에 휩쓸리다

"개선활동 열심히 한 결과가 이런 건가요?"

"결국 우리만 손해 보는 거잖아요."

"당장 때려치우고 이제 그만합시다."

통일중공업에서 S&T중공업으로 간판을 바꾼지 3년. 분임조활동을 통한 지속적인 개선활동으로 생산성은 크게 향상됐으나 걱정했던 대로 그 혜택이 직원들에게 고스란히 돌아오지는 않았다.

대외적인 여건 악화로 주문 물량이 급격히 감소하면서 회사 사정이 안 좋아졌고, 결과적으로 현장 직원들의 급여도 줄어들었다. 일거리가 없어 어쩔 수 없이 유급 휴가를 떠나는 직원들도 있었다. 결과만 놓고

봤을 때 개인 시간을 빼앗겨가면서 개선활동에 매달린 결과가 결국 자신들의 줄어든 월급으로 나타난 셈이었다.

사내에서 개선활동에 대한 거부감이 표출되기 시작했다. 엎친 데 덮친 격으로 지역 분임조경진대회인 경남 품질분임조경진대회에서도 탈락하자 현장의 사기는 바닥으로 떨어졌고, 회합 참여율도 크게 낮아지는 등 분위기는 최악으로 치닫고 있었다.

이대로 멈출 수는 없었다. 고용 불안과 임금 감소에 대한 대안으로 일이 있는 부서와 없는 부서의 불균형을 줄이고, 유급 휴가 대상 인원을 줄여 같이 일할수 있도록 하는 조치가 취해졌다.

백대운 명장은 분임조원들 간에 허물없는 대화를 통해 불신의 벽을 허물 수 있도록 노력했다. 또한 지속적인 개선활동으로 생산성을 높이면 회사의 경쟁력이 높아져 분명히 수주를 많이 받을 수 있을 것이라고 조원들을 설득했다.

사내 문제 해결의 '흑기사'

"우리가 너무 자만에 빠져 있었습니다."

2년 연속 전국품질분임조경진대회 도전이 실패로 끝난 후 그 원인을 분석하기 위해 등대 분임조는 끝장 토론을 했다. 다양하고 수많은 원인들이 쏟아졌다. 하지만 결론은 스스로에게 귀결됐다. 너무 자만했던 것이 원인이었다는 점을 인정해야 했다.

원인을 알았으니 적절한 대책이 필요했다. 위축된 분위기를 쇄신하고 분임조원들의 자주적인 활동을 유도하기 위해 '순환 분임조장 활동'을 새롭게 도입했다.

분임조원들이 2주일씩 분임조장을 맡아 서로의 입장을 이해하고 분임조원들의 잠재 능력을 이끌어 내기 위한 시도였다. 또 등대 분임조의 분임조원들을 계속 유지하기 위한 방법이었다. 조직 개편으로 분임조원들의 이동이 있었지만 같은 팀 내 전출입이라는 점을 들어 등대 분임조원으로 계속 활동할 수 있도록 팀장에게 요청해 허락을 받았다.

그러나 등대 분임조가 맡고 있는 생산지원 및 가공개발 지원이라는 업무 특성상 테마 부족으로 문제 해결 능력이 점점 떨어지는 것도 문제였다. 창고와 공구, 연삭 등을 지원하는 부서였기 때문에 끊임없이 새로운 테마를 만들어내는 데도 어려움을 겪었다.

그동안 아이디어 공유와 토론을 통해 개선 테마를 도출해 왔으나 더이상 새로운 테마가 도출되지 않아 정체기에 접어들었다. 실적을 위해 억지로 도출한 테마들은 실현성이 떨어지거나 유무형적 효과가 미미했다.

이러한 문제를 극복하기 위해 등대 분임조는 회사에서 실시하는

'문제은행'을 활용하기로 했다. 사내에서 해결하지 못한 문제들을 등대 분임조가 해결해주는 '흑기사'가 되기로 한 것이다.

등대 분임조의 독주를 막아라

"등대 분임조를 이기자."

2008년에 접어들면서 개선활동의 효과가 나타나기 시작하자 회사에서는 분임조 활성화 3개년 계획을 발표했고, 신규 분임조 탄생을 적극적으로 유도했다.

본격적인 분임조 전성시대를 알리는 신호탄이었다. 새롭게 탄생하는 신규 분임조들은 너나 할 것 없이 모두 등대 분임조 '타도'를 외쳤다. 그동안 독주해 온 등대 분임조의 견제를 통해서 신규 분임조들의 결속을 다지겠다는 의도였다. 그러나 신생 분임조들의 의욕은 불타올랐지만 선배 격인 등대 분임조와 비교할 때 역량은 많이 떨어졌다.

등대 분임조는 회사 내에서 분임조활동을 선도해 왔다는 상징성은 있었다. 하지만 적극적이고 능동적으로 후발 분임조들에게 정보를 제공하고 활동 기법을 전수하려는 태도가 부족해 선도자로서 존경도 받지 못하는 상황이었다. 이러한 상황에서는 회사 전체 분임조의 조화와 시너지 효과를 기대할 수 없었다.

당시 회사는 해외 프로젝트의 성공으로 볼보, 미츠비시, 다임러크라

이슬러벤츠 등으로부터 해외 수주 물량이 크게 증가했다. 품질수준 향상이 요구됐지만 현장 분임조의 관련 지식 부족과 문제 해결 기법에 대한 노하우 부족으로 주어진 문제를 슬기롭게 해결하지 못하고 있는 상황이었다.

후배 분임조 위한 '멘토'를 자청하다

이러한 상황을 타개하기 위해 등대 분임조가 먼저 나섰다. 전사적인 분임조 활성화를 위해 후배 분임조 지원에 팔을 걷어 붙였다. 등대 분임조원들을 다른 분임조의 지도위원으로 파견, 그들의 활동을 도왔다. 이들은 주간 단위로 모여 문제 해결 기법 교육을 실시하고 생산부서와 지원부서의 연합 분임조를 결성하기도 했다. 다른 분임조와 적극적으로 정보를 교류하고 개선 나눔회를 실시함으로써 현장 개선 속도가 빨라지고 개선효과도 향상됐다. 또한 업무능력을 공유함으로써 서로의 특성을 이해하게 돼, 현장의 개선 분위기도 몰라보게 바뀌었다. 분임조 활동이 활성화되면서 이것이 회사 경쟁력의 원동력이 되어 8년 연속 흑자를 이끌어 내는 결과를 만들어냈다.

분임조 멘토링을 통해서 지도를 받았던 분임조들도 대회에 출전해 좋은 성과를 거두었고, 이는 분임조활동을 활성화하는 데 기폭제 역할을 했다.

분임조 간의 교류와 소통은 크게 개선됐지만 분임조원들 간 문제 해결 능력의 차이는 여전히 존재했다. 같은 분임조 내에 분임조활동을 열심히 하는 사람, 잘 하는 사람도 있었지만 전혀 관심이 없거나 능력이 많이 떨어지는 사람들도 있었다. 그러다보니 분임조활동의 효율성도 많이 떨어졌다.

효율성보다 더 걱정이 됐던 것은 시간을 내서 열심히 하는 분임조원들에게만 피해가 갈지도 모른다는 점이었다. 분임조활동의 또 다른 초점은 '자기계발'이었다. 분임조원 한 명, 한 명의 개인 능력을 끌어올려야 분임조는 물론 회사 전체가 발전할 수 있다는 생각에서였다.

백대운 명장은 2007년 자신이 앞장서서 '대학 진학'이라는 길을 개척했다. 고등학교를 졸업하고 난 후 20여년 만이었다. 2년제 기능대학인 폴리텍대학은 나라에서 전액 장학금을 지급하는 대학이라 등록금에 대한 걱정이 없었다. 백대운 명장은 대학을 다니면서 부족한 전문 지식을 습득했고, 기능장 자격증을 따 분임조활동에 대한 전문성도 강화했다.

야간 대학에 다니느라 오후 10시까지 공부하고 다시 회사로 돌아와 새벽 3시까지 밀린 업무와 분임조활동을 하며, 퇴근 후 오전 6시에 출근하는 일을 반복했다. 덕분에 그는 수석으로 대학을 졸업했다.

"이 땅의 40대 생산직 근로자들에게는 특별한 꿈이 없습니다. 그들에게 새로운 길을 보여주고 싶었습니다."

백대운 명장은 뒤늦게 대학을 졸업하면서 자기계발의 중요성을 인식하고 동료 사원들의 대학 진학을 적극 지원했다. 그 결과 15명의 후배 분임조원들이 대학에 진학해 삶의 변화를 이끌어 나갈 수 있게 됐다.

멀리 가려면 함께 가라

"하나, 둘, 셋, 치즈."

S&T중공업의 회사 식당에는 최근 '포토존'이 설치됐다. 2012년 국가품질대상을 수상한 후 그 기쁨을 전 사원들이 나누기 위해서다. 분임조들이 대회에 나가서 따낸 메달들을 전시해두고 기념 촬영도 할 수 있도록 해두었다.

불과 10년 전만 해도 회사 식당은 주로 투쟁을 위한 집회의 장소로 사용됐다. 이는 상전벽해와 같았다. 투쟁의 절정기에서 등대 분임조가 뿌렸던 품질활동의 작은 씨앗들이 아름드리 큰 나무로 성장한 것이다. 투쟁 활동가들이 품질활동가로 변신하면서 아무도 상상하지 못했던 엄청난 변화를 이끌어 냈다.

등대 분임조는 '개선은 곧 살아 있다는 것이다'라는 구호로 분임조활동의 불씨를 지폈으며 '개선은 또 다른 가치를 창출하는 것'이라는 구호로 많은 분임조를 성장시켰다. 백대운 명장은 품질활동을 통해 개인적으로도 큰 성취를 이루었지만 그 결과물들을 혼자만 누리는 것을 원치 않았다. 함께 한 사람들도 함께 영예를 누릴 수 있게 하고 싶었다.

그는 자신이 아는 모든 사람들이 성공하고 행복해지기를 바란다. 그것을 위해 자신이 줄 수 있는 모든 것들을 아낌없이 주는 데 인색하지 않다. '멀리 가려면 함께 가야 한다'는 평범한 진리를 너무나 잘 알고 있기 때문이다.

마음으로 이야기하는
명강사

"이거 얼마 안 되지만 강의료입니다. 받아 두시죠."

"아닙니다. 제가 전문 강사도 아니고 제가 아는 것이 조금이라도 도움이 됐으면 하는 바람입니다."

2008년 백대운 명장은 지방의 한 중소기업 사장의 요청으로 그 회사 직원들에게 변화와 혁신을 주제로 강의를 할 기회가 있었다. 강의를 마치고 돌아가려고 할 때 그 회사 사장이 부르더니 강의료라면서 돈 봉투를 건네주었다.

외부에 나가 직접 강의를 한 것은 처음이라 강연료를 받는 것도 익숙하지 않았지만 자신이 아는 것을 알려준다는 마음이었기 때문에 특별히 강의료도 생각하지 않았다. 사장과 실랑이 끝에 어쩔 수 없이 봉투를 받아 든 백대운 명장은 그 회사의 분임조 장들을 불러 그 돈을 전해주면서 좋은 곳에 쓰라고 하고 집으로 돌아왔다. 뒤늦게 소식을 들은 중소기업 사장은 주변의 아는 사람들에게 입소문을 냈고, 그날 이후 백 대운 명장에게 강의 요청이 쏟아졌다.

중소기업에서 강의를 하다 보면 무언가 변화하고 싶은 욕망은 품고 있는데 길을 몰라서 어쩔줄 모르는 사람들을 많이 만난다. 백대운 명장은 그들의 훌륭한 길잡이이자 멘토 역할을 자처하고 있다. 그 자신이 바로 산증인이기 때문이다. 그런 사람들에게 백대운 명장이 가장 먼저 제시해주는 길이 바로 대학 진학이다. 국가에서 장학금을 제공하는 기능대학인 폴리텍대학이 있으니 상황이 된다면 "무조건 대학에 진학하라"고 조언한다.

사소한 '오늘'로
최고의 '내일'을 만든다

박찬호 품질명장 SK하이닉스 이천공장

- 1976년 출생
- 現 I-PKG팀 기장
- 2012년 국가품질명장
- 2011년, 2012년, 2013년 전국품질분임조경진대회 금상 수상

최악의 밀레니엄 맞이

1999년 12월 31일. 새로운 천년의 시작을 앞두고 모두가 새 희망으로 들뜬 분위기였다. 하지만 세상에서 가장 우울하게 밀레니엄을 맞고 있는 한 사내가 있었다. 현대전자(SK하이닉스의 전신)의 박찬호 명장이 바로 그 비운의 주인공이었다.

1999년 12월 31일은 회사의 진급자 발표 날이었다. 박찬호 명장은 나름대로 큰 기대를 하고 있었다. 스스로 생각하기에 일도 열심히 해왔고 능력 면에서도 다른 입사 동기에 비해 떨어질 것이 없다고 생각했기 때문이다. 하지만 결과는 그의 예상과 정반대로 나타났다. 입사 동기 가운데 2/3 이상이 진급을 한 이날 진급자 명단에서 '박찬호'라는 이름 세 글자는 눈을 씻고 봐도 찾을 수 없었다. 도저히 믿을 수 없고 믿고 싶지 않았다.

'도대체 왜 나에게 이런 시련이 일어난다는 말인가.'

박찬호 명장은 큰 실망과 함께 깊은 좌절감을 맛봐야 했다. 하지만 그대로 물러설 수는 없었다.

'앞으로 또 다시 진급에서 누락되는 일이 있어서는 안 되겠다.'

그날 이후 절치부심, 마음을 다잡았다. 굳게 마음을 먹었지만 어디서부터 어떻게 해야 할지 길을 찾을 수 없었다. 주위를 둘러봐도 특별히 잘 할 수 있고 남들에게 인정받을 수 있는 일은 쉽게 보이지 않았다.

반도체 패키지 공정을 담당하는 부서로 옮겨온 지 2년이 채 안 되는 시점이었다. 주위를 둘러보니 이미 이 부서에서 오랜 경력을 쌓은 쟁쟁한 선배들이 즐비했다. 자신의 짧은 경력으로는 부서 내에서 인정을 받기는커녕 제대로 할 수 있는 일을 찾기도 쉽지 않아 보였다.

남들 관심 안 갖는 '틈새'로 승부

"이 설비는 왜 가동을 안 하는 거지?"

어느 날 현장에서 일을 하고 있던 박찬호 명장의 눈에 고장 난 장비들이 눈에 들어왔다. 라인 한 가운데 있으면서도 잦은 고장으로 가동하지 않고 멈춰 서 있는 장비였다. 고급 장비였지만 고치기 어렵거나 고치는 데 돈이 너무 많이 들어 복원이 안 된다고 판단해 그대로 방치한 장비들이었다. 순간 번뜩이는 생각이 머리를 스치고 지나갔다.

'그래, 내가 할 일이 바로 여기에 있었구나.'

박찬호 명장은 아무도 관심을 갖지 않던 고장 난 장비들을 자신의 손으로 직접 한번 고쳐보겠노라고 마음먹었다. 현장에서 귀동냥으로 전해들은 '구전' 노하우만으로는 부족했다. 장비 제조회사에서 제공한 매뉴얼을 꼼꼼하게 들여다보면서 장비들을 하나하나 분해하고 조립하기를 반복했다.

"쟤는 작동도 안 되는 장비를 가지고 도대체 뭐하는 거야?"

처음 장비를 분해하기 시작했을 때만 해도 주변의 반응은 싸늘했다. 고칠 수 없는 장비를 들여다보면서 시간 낭비만 하고 있다는 생각에서였다.

여러 차례의 분해, 조립을 통해 고장 난 장비들을 하나씩 고치기 시작하자 주변의 분위기도 조금씩 달라졌다.

베어링이 파손돼 부품 전체를 갈아야 하는 한 장비의 경우 베어링이 들어 있는 부분을 분해해 베어링 하나를 교체함으로써 비용을 거의 들이지 않고 못 쓰던 장비를 새것처럼 살려냈다. 베어링 부분 전체를 교체할 경우 2천만 원이라는 많은 비용이 들어 아예 고치지 않고 내버려둔 상태였다. 하지만 기성품 베어링을 구매해서 교체하니 비용도 20만 원밖에 들지 않았다.

"저 녀석 일 좀 하는데?"

한 대, 한 대 장비들을 분해하고 조립하기를 반복했다. 뜯어보고 다시 조립한 설비가 1백 대가 넘었고, 가동되지 않던 설비들이 한 대, 두 대 가동되기 시작했다. 그러면서 주변에서도 그의 실력을 인정하게 됐다.

이러한 과정이 거듭되면서 박찬호 명장은 설비에 대한 기본 원리를 터득할 수 있었고 관련 지식도 엄청나게 늘었다. 선배들은 자연스럽게 그 업무를 박찬호 명장에게 전담시켰다. 그는 남들이 갖고 있지 않는 자신만의 특화된 기술과 실력이 반드시 필요하다는 사실을 새삼 깨닫게 됐다.

진급에 실패해 우울한 마음으로 연말을 보낸 지 꼭 1년 후 박찬호 명장은 무척이나 따뜻한 겨울을 보낼 수 있었다. 비록 1년 늦기는 했지만 그토록 원하던 진급을 할 수 있었기 때문이었다.

분임조활동으로 '투잡'의 유혹을 이겨내다

SK하이닉스의 전신인 현대전자는 IMF 외환위기를 거치면서 큰 위기를 겪었다. 그런 어수선한 분위기 속에서 승진은 했지만 회사 상황이 좋지 않다보니 월급 수준은 매우 낮은 편이었다. 결혼까지 해서 가정을 꾸린 터라 좀 더 많은 수입이 필요했다.

적은 월급에 한 때는 회사를 옮기는 것도 심각하게 고민했다. 월급을 훨씬 많이 주겠다면서 오라는 회사도 있었다. 하지만 사내 커플로 결혼한 아내의 반대로 회사를 옮기는 것은 포기했다. 그가 대안으로 생각했던 것이 바로 '투잡(two job)'이었다. 본업으로는 부족하니 회사를 마치고 난 후 부업이라도 해서 돈을 벌고 싶었다.

어느 날 그의 눈에 '투잡'보다 더 편하고 쉽게 돈을 벌 수 있는 방법이 포착됐다. 당시 회사에서는 TPM을 도입하면서 제안제도를 활성화하는 데 주력했다. 제안을 한 건 할 때마다 건당 1천 원에서 많게는 2백만 원까지 시상금을 지급했다. 게다가 팀에서 개선 제안을 가장 많이 한 팀원을 선정해서 추가로 상품권을 주는 포상도 실시했다. 부업을 하러 멀리 갈 필요 없이 그 제도를 잘 활용하기만 해도 짭짤한 부수입을 올릴 수 있을 것 같았다.

그날 이후, 그는 '제안 머신'이 된 듯 다양한 제안을 쏟아 냈다. 비록 건당 1천 원, 2천 원에 불과했지만 푼돈 모으는 재미도 쏠쏠했다. 현장의 불합리를 항상 남들보다 먼저 한 건 더 발굴하고, 제안을 한 건 더 작성하며, 문제를 한 건 더 해결하다보니 업무 지식과 실력이 크게 향상됐다.

여기에 추가로 부수입까지 생기다보니 직장 생활이 즐거울 수밖에 없었다. 팀 내에서 제안을 가장 많이 냈기 때문에 팀별로 주어지는 상품권은 늘 그의 몫이었다.

그는 가끔 일본의 전설적인 검객 미야모토 무사시의 말을 떠올리곤 했다. "승리에 우연은 없다. 천 일을 연습하는 것은 鍛(단), 만 일을 연습하는 것은 鍊(련)이다. 단련이 있고 나서야 싸움에서 이기기를 기대할 수 있다."

재능은 타고 나는 것이 아니라 성실이라는 단어의 다른 이름이라고 믿게 됐다. 투잡을 하는 것과 비교하면 조금 부족한 금액이었을지 모르지만 회사 생활을 열심히 하는 것만으로도 월급 인상 효과를 기대할 수 있었다. 하지만 통장으로 입금되는 돈보다 더 큰 소득은 회사로부터 일 잘하는 직원으로 인정을 받게 됐다는 점이었다. 그 결과 10년 간 교대 근무로 현장에서 일해 온 그에게 회사 생활의 전환점이 될 큰 기회가 찾아왔다.

10년 교대근무 벗어나게 한 TF팀의 '러브콜'

"박찬호 씨, 이번에 새로 구성된 TF팀에 합류해서 함께 일합시다."

2006년 기존의 반도체 패키지 공법을 대신할 새로운 공법을 개발하기 위해 TF팀이 새롭게 구성됐다. 관련 업계에서 한 번도 사용되지 않았던 독특한 공법이었다. 새로운 TF팀 구성을 위해 제품 개발팀과 장비 개발팀, 유지 보수팀에서 각각 인력을 차출했다. 박찬호 명장도 유지 보수팀의 일원으로 TF팀에 합류했다.

TF팀 차출은 곧 회사 내에서 반도체 패키지 장비 관련 전문 인력으로 인정받았다는 것을 의미한다. 이와 함께 입사 후 10년 동안 줄곧 해 오던 현장 교대근무에서 벗어나 통상근무로 전환하게 됐다. 환경 변화를 싫어하는 사람들도 많지만 그의 생각은 달랐다. 그는 새로운 제품, 새로운 기술, 새로운 사람들과의 만남을 즐겼다.

"하학이상달(下學而上達). 아래 것 또는 작은 것을 배워서 큰 것을 이룬다."

언젠가 책에서 읽었던 논어의 한 구절이 떠올랐다. 고장 난 장비를 뜯어서 베어링을 하나 교체하는 일부터 시작해 관련 분야의 전문가로 인정받아 결국 큰일을 할 수 있는 기회를 잡은 것이다. 큰일은 결코 크고 화려한 것에서 오는 것이 아니라 작고 사소한 것에서 온다는 것을 다시 한번 깨닫게 해주는 순간이었다.

TF팀 활동을 마치고 돌아온 2007년부터 그는 처음으로 분임조장을 맡았다. 분임조원을 대상으로 공모를 실시, 분임조 이름을 '하이스트 (Highest)'로 정했다. '가장 높은, 최고'라는 의미다. 분임조의 슬로건도 이름에 걸맞게 '최고주의 정신'으로 정했다. 분임조활동에서 최고가 되겠다는 의지의 표현이었다.

분임조원으로서는 뛰어난 능력을 발휘했지만 막상 분임조장을 맡자 분임조원들을 이끌어 나간다는 것이 생각처럼 쉽지 않았다. 분임조원들을 내부 고객으로 생각하고 한 마음, 한 방향, 한 목표로 나갈 수 있도록 노력했지만 100% 만족스러운 결과를 얻지 못했다.

"이번 달 실적 정리해야 하는데 개선과제 제출 안 할 거야?"

"……."

"언제까지 제출할 수 있어?"

"……."

분임조활동과 관련해서 물어보면 묵묵부답 대답을 하지 않고 끝까지 버티기로 일관하는 조원들도 있었고 언제 뭘 물어봐도 "네, 알겠습니다"라고 시원하게 대답은 해놓고 막상 마감 날짜가 다 되도록 아무런 과제를 내놓지 않는 조원들도 있었다.

"다른 분임조들은 가만히 있는데 우리 분임조만 너무 나서는 거 아닌가요?"

"개인적인 일이 있어서 저는 분임조활동을 하기 어렵습니다."

80%의 분임조원들은 분임조장의 생각대로 잘 따라왔지만 20% 정도는 안타깝게도 분임조장의 뜻과 달리 분임조활동에 열의를 보이지 않았다. 분임조장으로서 지나친 의욕이 역효과를 내고 있는 것은 아닌지 반성도 하게 됐다. 분임조원들의 의지나 상황에 관계없이 주어진 개선활동의 할당량을 채우기 위해 다그쳤던 일이 그들의 반발심을 샀을지도 모르겠다는 생각도 들었다.

분임조원들의 마음을 얻다

박찬호 명장은 초심으로 돌아가 분임조원 한 명, 한 명을 직접 면담하면서 조원들에게 다가갔다.

"오늘 일 마치고 저녁이나 함께 먹을까?"

부족한 부분은 업무를 마친 후 별도의 자리를 마련해서 대화를 나누었다. 틈이 날 때마다 분임조원들을 불러서 함께 저녁도 먹고 술도 마시고 운동도 함께 하면서 그들과의 스킨십을 늘려갔다.

분임조원들과 이야기를 하기 위해 개인적인 시간 투자도 많이 했다. 교대 근무자들을 위해 밤늦게 자리를 마련하기도 하고 야간 교대조를 위해서는 휴가를 내 별도로 만남의 자리를 갖기도 했다. 분임조활동에 매달리느라 집에 늦게 들어오는 날이 많아 아내에게 미안할 정도였다.

분임조활동에 적극적이지 않았던 조원들이 처음부터 마음을 연 것은 아니었다. 하지만 그런 자리가 반복되면서 조금씩 마음을 열고 자신의 속마음을 보여주기 시작했다. 여러 차례 대화를 나눈 뒤에야 조심스럽게 결혼을 앞두고 있거나 집안 사정 등 개인적인 일 때문에 분임조활동에 집중할 수 없었다고 털어 놓는 분임조원들도 있었다.

"이거 개선사례 하나 만들었는데 네 이름으로 하나 올릴게."

피치 못할 사정이 있는 분임조원들의 개인 이야기들을 들었기 때문에 분임조장 입장에서 그들에게 조금이라도 도움이 될 수 있는 일을 찾고 싶었다. 개인적인 일 때문에 시간을 낼 수 없었던 조원에게는 자신이 작성한 과제에 분임조원의 이름을 적어 제출하기도 했다.

이런 작은 노력들이 쌓이면서 그동안 적극적으로 참여하지 않던 분임조원들의 마음이 조금씩 돌아서기 시작했다. 꾸준한 학습을 통해 분임조원들의 능력을 끌어 올렸고, 자체 경진대회 등 신나고 재미있는 활동을 통해서도 전원이 참여할 수 있도록 유도했다.

멀고 먼 전국품질분임조경진대회

하이스트 분임조는 2008년부터 사내 품질분임조경진대회에 도전장을 냈지만 우수상에 그쳐, 사외대회에 출전하지 못했다. 2009년도 상황은 마찬가지였다. 전국품질분임조경진대회 출전이 결코 호락호락한 일이 아니라는 것을 깨닫게 됐다. 대회 준비를 위해 한 달 이상 짬짬이 시간을 내어 자료 준비에 에너지를 쏟았지만 번번이 미끄러지니 허탈한 마음이 들었다.

"도대체 뭐가 문제일까? 해결방안은 없을까?"

원점에서부터 다시 생각했다. 전국품질분임조경진대회에 출전한 분임조들의 발표 동영상을 찾아보기도 하고 발표대회 현장을 직접 찾아가기도 했다. 그러던 중 박찬호 명장은 한 가지를 발견했다.

"어? 발표하는 팀마다 양식이 모두 똑같네?"

2009년까지 그는 분임조 발표의 양식이나 형식이 있는지 몰랐다. 분임조에서 개선한 내용을 소개하는 데 주력했기 때문에 특정한 형식도 갖추지 않은 채 발표를 했다. 그저 현장의 좋은 개선사례를 잘 설명하면 되는 줄 알았다.

"이번에도 전국품질분임조경진대회 출전하지 못한다면 회사를 그만두겠다."

박찬호 명장은 배수진을 치고 2010년 사내 품질분임조경진대회를 준비했다. 개선사례가 중요하지만 발표 자료를 잘 만드는 것도 중요하다고 판단하여 분임조원들과 역할 분담을 해서 각자 해당 분야에 대한 교육을 받기로 했다. 그렇게 조원들은 분담해 6시그마 교육과 파워포인트 교육, 영상편집기술 교육을 받았다. 박찬호 명장도 파워포인트와 문서 작성에 대한 교육을 받았다.

아침 6시에 출근해서 업무를 마친 뒤 새벽 2~3시까지 자료를 정리하여 만들고 다듬었다. 밤을 꼬박 새우는 날도 많았다.

드디어 기다리던 사내 대회 날. 예년과는 다른 체계적인 발표 자료와 발표 능력으로 단번에 심사위원들의 눈길을 사로잡았다. 철저한 준비에 대한 보상은 즉각 이루어졌다.

사내 분임조발표대회에 참가하기 시작한 지 3년 만에 최우수상을 받고 경기도 품질분임조경진대회에 출전할 수 있게 됐다. 전국품질분임조경진대회 출전도 한 발 앞으로 다가왔다.

청천벽력 같은 아내의 암 선고

"여보, 나 암인 것 같아요."

경기도 품질분임조경진대회를 2주쯤 남겨 놓은 시점이었다. 박찬호 명장은 지방 출장 중 아내에게 걸려온 전화를 받고 충격에 휩싸였다. 전화를 끊고도 한 동안 아무 말도 하지 못했다. 아내의 목소리를 듣는 순간 마치 하늘이 무너지는 것 같았다.

'내가 사랑하는 사람이 그렇게 큰 병을 얻다니.'

분임조활동을 하느라 가정에 소홀했던 것에 대한 자책감이 밀려 왔다. 괜히 자신 때문에 아내가 아프게 된 것 같아 미안한 마음이 들었다. 이와 함께 분임조원들과 함께 경기도 품질분임조경진대회에 출전하기 위해 힘들게 노력했던 시간들이 스쳐 지나갔다. 그토록 원했던 대회 출전이었다.

그 어떤 것도 사랑하는 가족보다 소중할 수는 없었다. 박찬호 명장은 혼자서 전전긍긍 고민을 하다가 결국 용기를 내서 분임조원들에게 말을 했다.

"집안에 사정이 있어서 여기서 중도 하차를 해야 할 것 같다. 나 빼고 너희들만 경기도 대회에 나가는 것이 좋겠다."

분임조원들도 충격을 받은 듯 아무 말을 하지 않았다. 2~3분 간의 침묵이 이어졌다.

"분임조장님이 대회에 안 나가시면 저희는 하이스트라는 이름으로 대회에 출전하지 않겠습니다."

대회에 출전하기 위해 함께 연습을 해온 권세훈, 이광준 두 분임조원이 동시에 침묵을 깨고 입을 열었다. 뜻밖의 반응에 박찬호 명장도 놀라서 어쩔 줄을 모르고 멍하니 있을 수밖에 없었다.

"딩동."

그 때 마침 박찬호 명장의 휴대전화로 문자 메시지가 한 통 들어왔다.

"여보, 수술은 대회 끝난 다음에 하면 되니깐 열심히 해서 꼭 전국품질분임조경진대회에 출전하세요. 저도 좋은 결과가 있으면 좋겠어요."

아내에게서 온 메시지였다. 메시지를 보고 있던 박찬호 명장의 눈시울이 붉어졌다.

'나를 이렇게 믿고 의지해주는 사람들이 많은데 내가 포기하면 어떻게 한단 말인가. 나는 정말 행복하고 복이 참 많은 사람이구나.'

SK하이닉스 분임조 역사상 지역대회 첫 대상

박찬호 명장은 품질분임조의 가장 중요한 요소인 믿음과 신뢰를 바

탕으로 다시 일어설 수 있었다. 최선을 다해 아내에게 최고의 선물을 안겨주겠다는 다짐과 함께 대회 준비에 박차를 가했다.

부족했던 발표자료 작성과 발표 기술에 대해서 집중했다. 어떻게 하면 심사위원들이 하이스트 분임조의 발표 내용에 주목하고 쉽게 이해할 수 있을지에 대해 고민했다.

그 결과, 하이스트 분임조는 경기도 품질분임조경진대회 최고상인 대상을 수상했다. SK하이닉스 이천공장의 7백 개가 넘는 분임조 가운데 지역 분임조경진대회에서 대상을 받은 것은 하이스트가 최초였다. 이 기세를 몰아 하이스트 분임조는 2010년 제36회 전국품질분임조경진대회에서 당당히 금상을 수상했다.

박찬호 명장은 암 투병 중에서도 남편을 응원해준 아내와의 약속을 지킬 수 있었다. 다행스럽게도 아내의 암 수술도 성공적으로 끝나 건강을 되찾을 수 있었다. 하이스트 분임조는 이듬해인 2011년 열린 제37회 전국품질분임조경진대회에도 출전, 2년 연속 금상을 수상했다.

2012년 열린 제38회 대회에서는 운영사례 부문에서 은상을 수상했으며, 2013년 제39회 대회에서는 SK경영시스템을 근간으로 하는 일처리 5단계 문제 해결 프로세스로 자유형식 부문에 출전해 다시 금상을 수상, 4년 연속 전국품질분임조경진대회에 출전해 대통령상을 수상하는 영광을 누렸다.

SK하이닉스 분임조활동의 특징은 자발적이라는 점이다. 회사 차원에서 업무적으로 지시를 내리는 경우는 거의 없다. 분임조원 스스로 자신들이 원해서 활동을 하고 자발적으로 대회에 나가는 것이다. 그럼에도 불구하고 대회에서 좋은 성과를 거두고 있는 가장 큰 이유는 최고 경영자의 관심과 회사 차원의 전폭적인 지원 때문이다.

　　"품질분임조활동은 일을 잘하는 것에 대한 표현"이라면서 기회가 있을 때마다 사장이 직접 현장 사원들을 격려하고 있으며, 대회 출전 전 사장이 직접 참석하는 출정식을 갖기도 한다. 또 대회 이후에도 입상 분임조들을 모두 초청, 사장 주재 만찬을 가지면서 격려하고 있다.

　　사내 지원제도도 든든하다. 사내대회와 사외대회에 입상하면 두둑한 포상금이 주어지고, 전국품질분임조경진대회에서 입상하면 포상금과 함께 국내·외 연수 기회도 주어진다. 또한 분임조활동에 필요한 출장비와 교육비 등도 회사에서 전액 지원해주고 있다.

우리는 모두 메달 '마니아'

　　"분임조장님 저와 추억 한 번 만들지 않겠습니까?"

　　2012년 8월 어느 날 한 분임조원이 제안을 해왔다. 자전거를 타고 국토 종주에 나서자는 제안이었다. 항상 분임조원들에게 제안을 하던 분임조장 입장에서 제안을 받는 순간 쉽게 거절할 수 없었다.

"그거 좋지."

박찬호 명장은 마음과 의욕이 앞서 흔쾌히 승낙을 했지만 막상 약속 날짜가 다가오자 점점 불안해졌다. 말이 자전거 국토 종주지 2박 3일간 450km를 달려야 하는 엄청난 도전이었다. 박찬호 명장은 바로 자전거 국토 종주 준비에 돌입했다. 매일 아침 5시에 일어나 6시 30분까지 25km 달리기를 했다. 그는 한 달 반 동안 꾸준히 연습했다.

우선 1차 라이딩 목표는 충주에서 이천까지 90km 코스. 충주 시내를 지나 탄금대, 그리고 충주댐까지 이어지는 코스였다. 코스 초반만 해도 시원한 바람을 맞으며 신나고 흥겨운 분위기에서 기분 좋게 자전거 여행을 만끽할 수 있었다.

그러나 주행거리가 길어지면서 점점 마음과 다리가 따로 놀고 있는 자신을 발견할 수 있었다. 첫날 160km, 둘째 날 180km, 셋째 날 110km로 2박 3일간의 자전거 종주를 무사히 마쳤다.

자전거 국토 종주를 무사히 마치고 돌아온 후 우편으로 인증서와 함께 메달이 날아왔다.

"우리 모두 메달 중독자인가봐. 하하."

분임조대회에서 수집한 메달에 이어 자전거 국토 종주로도 메달을 받고 나니 모두 메달 마니아가 된 듯한 느낌이었다.

박찬호 명장을 비롯한 하이스트 분임조원들이 따낸 메달은 성적이

아니라 열정이다. 자신들이 세운 목표를 달성하기 위한 자발적인 노력
이 없었더라면 결코 이룰 수 없었을 것이다. 박찬호 명장의 집에 주렁
주렁 걸린 메달이 유난히 빛나 보이는 것도 바로 그런 이유 때문이다.

Quality Inside

이기고 나서
싸운다

SK하이닉스는 지역 분임조경진대회이나 전국품질분임조경진대회에 출전해 우수한 성과를 거두었던 분임조장들이 처음 대회를 준비하는 분임조의 멘토가 되어 밀착 지원하고 있다.

또한 대회를 앞두고 외부 전문가를 초청해 전국품질분임조경진대회와 똑같은 분위기 속에서 사전 '리허설'을 진행한다. 실전을 방불케 하는 예행연습을 통해 부족한 부분을 보완할 수 있게 한다.

"이기고 나서 싸운다"는 전쟁 격언처럼 대회를 치르기 전에 완벽한 준비를 해놓는 것이다.

그러나 무엇보다 회사 차원의 지원과 관심보다 SK하이닉스의 분임조활동을 더욱 발전시키는 것은 젊고 열정이 있는 분임조원들의 존재다. 반도체 기업이라는 특성상 자기 표현력이 뛰어난 젊은 직원들이 많다. 이들의 활약은 전체 분임조활동에 활력이 되고 있다.

분임조 대회를 준비할 때에도 발표를 일부 직원들이 전담하는 것이 아니라 매번 새로운 분임조원이 담당한다. 특정 분임조원들의 전유물이 아닌 전 분임조원의 참여가 이루어지고 있다.

4장

초일류 기업의 작은 디자인

Back to the Basic!
삼성전자 무선사업부

기술력이 제품이다
한전KPS

Back to the Basic!

삼성전자 무선사업부

불타는 휴대전화

"품질은 나의 인격이요, 자존심!"

1995년 3월 9일, 삼성전자 구미사업장 운동장 한 편에 커다란 현수막이 내걸렸다. 현수막을 배경으로 2천여 명의 삼성전자 직원들이 '품질 확보'라는 머리띠를 두른 채 속속 집결하고 있었다. 하나같이 비장한 모습들이었다.

운동장 한복판에는 무선전화기와 휴대전화 15만 대가 거대한 산더

미처럼 쌓여 있었다. 쓰다가 버린 폐제품이 아니라 모두 공장의 생산 라인에서 막 나온 '따끈따끈한' 새 제품들이었다.

곧 10여 명의 직원이 해머를 들고 이 제품들을 인정사정없이 내려치기 시작했다. 여기서 끝난 게 아니었다. 박살 난 제품에 기름을 붓고 불을 붙이자 부서진 무선전화기와 휴대전화의 잔해들이 활활 타올랐다. 이날 모두 500억 원 어치의 제품이 불에 타서 한 줌의 재로 변했다. 지금으로부터 20년 전의 일이다. 스마트폰 세계 시장 점유율 1위를 차지하고 있는 '천하'의 삼성전자 무선사업부에도 이처럼 기억하고 싶지 않은 부끄러운 과거가 있었다.

1990년대 중반은 전화기가 유선에서 무선으로 전환되는 시기였다. 가정용 무선전화기를 비롯해 호출기, 휴대전화 등 '첨단' 제품들이 속속 등장하고 있었다. 이 시기는 CDMA 방식의 디지털 이동통신 서비스가 본격화되면서 다양한 모바일 기기가 개발되던 때였다.

하지만 기대와 달리 불량제품이 많아 소비자들의 불만이 많았다. 무선전화기의 경우 통화를 하다가 끊기기 일쑤였고 통화 품질도 좋지 않았다. 이대로 가다가는 그동안 다른 제품에서 어렵게 쌓아올린 명예마저 실추될 것 같았다.

"품질만이 살 길이다."

자기 반성의 시간을 가진 삼성전자 무선사업부는 그런 상황이 다시 발생하지 않도록 하기 위해 철저한 품질관리에 나섰다. 그 변화의 시작은 제조업의 기본이라고 할 수 있는 품질분임조활동과 제안활동이었다.

1996년 '신경영분임조'라는 이름으로 삼성전자 무선사업부 최초의 분임조활동이 시작됐다. 분임조활동은 아래에서부터 위로 자율적인 보텀업(bottom-up) 방식으로 실시되는 것이 일반적이다. 하지만 상황이 상황이었던 만큼 삼성전자 무선사업부는 경영진의 강력한 의지를 바탕으로 톱다운(top-down) 방식으로 분임조활동을 전개했다.

초창기 분임조활동이 빠르게 정착할 수 있었던 데에는 파격적인 인센티브도 한몫했다. 현장에서는 아주 작은 개선에 불과하지만 기업 전체로 놓고 보면 엄청나게 비용 절감을 할 수 있는 사례가 많았기 때문에 회사에서도 분임조활동과 제안활동에 대해 통 크게 보상했다.

"제안 상금이 엄청나다는데 우리도 한번 해볼까?"

이러한 인센티브 정책에 힘입어 현장에서는 분임조활동과 제안활동이 불처럼 일어났다. 개선 제안의 폭을 넓히기 위해 전담반을 별도로 운영한 것도 효과를 봤다. 현장에서 직접 제안 내용을 실시하지 않더라도 아이디어만 내면 전담 인력이 맡아서 그 제안을 직접 구현했다. 현장 직원들은 아이디어를 구체적으로 실현하지 않아도 됐기 때문에 부담 없이 자유롭게 개선 아이디어를 쏟아낼 수 있었다.

던지고 밟아도 끄떡없는 무결점 제품

생산 현장에서 발생하는 불량의 대부분은 설계나 설비의 문제라기보다 사람의 문제였다. 개발팀에서 아무리 뛰어난 제품을 설계해도 최종 품질은 생산 현장 작업자의 손에 달려 있다. 생산 라인에서 발생하는 불량을 근본적으로 개선하기 위해서는 설비보다 사람이 먼저 바뀌어야 했다. 가장 중요한 것은 품질에 대한 현장 사원들의 인식 변화였다.

전 사원에 대해 품질 관련 교육을 실시하는 것은 물론 외부 전문가를 초청해 보다 수준 높은 품질 교육도 진행했다. 현장 사원들의 품질에 대한 마인드가 서서히 바뀌면서 무선전화기와 휴대전화의 품질도 몰라보게 좋아지기 시작했다.

1996년 분임조활동의 화두가 품질에 대한 인식 변화였다면, 1997년은 단연 부품의 국산화였다. 당시만 해도 국산 부품의 성능이 떨어져 해외로부터 주요 부품들을 조달해야 했다. 이 때문에 외화 낭비도 심했다.

이를 해결하기 위해 VE(Value Engineering)활동을 전개했다. 원가절감과 제품가치를 동시에 추구하기 위해 모든 경영활동에 변화를 추구하는 것이 VE활동이다. 삼성전자 무선사업부는 이러한 활동의 일환으로 국산화할 수 있는 부품을 선정해 그것을 하나씩 개선과제로 실시했다. 이러한 활동이 자리를 잡아 가면서 고장과 불량투성이었던 삼성전자 휴대전화는 무결점 제품으로 진화해갔다.

스타 탄생, '로즈버드 분임조'

1998년은 분임조활동의 일대 전환기였다. 그해 로즈버드 분임조가 전국품질분임조경진대회에 출전하여 현장개선 부문에서 금상을 수상했다. 삼성전자 무선사업부 분임조 가운데 첫 전국품질분임조경진대회 출전이자, 첫 번째 금상 수상이었다.

로즈버드 분임조의 금상 수상은 삼성전자 무선사업부 분임조 활성화의 기폭제가 되었다. 그들이 금상을 수상하고 '금의환향'하자 회사에서는 파격적인 보상으로 그들을 격려했다.

금상 분임조에 상금 5백만 원을 시상한데 이어 해외 벤치마킹 기회까지 제공했다. 1990년대 후반까지만 해도 해외에 나간다는 것이 흔한 일은 아니었다. 하지만 현장 생산직 사원들이 단체로 해외로 나가자 모두가 눈이 동그래졌다.

"우리도 상 받아서 해외 구경 한번 가보자."

현장 사원들은 누가 시키지 않아도 스스로 열심히 개선활동에 참여해 자신들도 반드시 전국품질분임조경진대회에 나가겠다는 의지를 불태웠다. 분임조 대회에 관심이 높아지면서 1999년부터는 회사 내에서 분임조간 경쟁이 치열해졌다.

'명성' 활동으로 분임조활동 체계화

1999년은 삼성전자 무선사업부의 분임조활동이 체계화된 형태를 갖춘 원년이라고 할 수 있다. 이때부터 삼성전자 무선사업부 내 분임조활동은 '명성'활동이라는 이름으로 불렸다. 일종의 분임조활동 브랜드였다.

휴대전화 '애니콜'이 글로벌 브랜드로 각광을 받으면서 수출 물량이 전체 생산 물량의 50%를 넘어선 시점이었다. '명성(名星)'이라는 이름은 '애니콜이라는 브랜드를 온 세상에 별처럼 빛나게 만들자'는 의미를 담고 있었다. 이 당시 분임조활동은 현장과 설비에서 문제가 될 만한 요소들을 미리미리 개선함으로써 문제 발생 가능성을 사전에 차단하는 것이 목적이었다.

2002년에 접어들면서 '명성'활동은 '名星'활동에서 '明星'활동으로 바뀌었다. 삼성전자 무선사업부 휴대전화 사업이 '글로벌 톱 3'에

진입함에 따라 '세계인이 우러러볼 수 있는 제품을 만들자'는 의미로 붙여진 이름이다. 이때부터 현재까지 '명성 2기 분임조활동'이 이어지고 있다.

명성 2기부터는 분임조활동의 형식이 다양화됐다. 현장, 설비 활동에 국한되지 않고 6시그마, 학습동아리(CoP), 사무간접, 자유형식 등 다양한 분야에서 분임조활동이 활성화됐다. 특히 CoP는 현업의 중장기 프로젝트성 문제 해결의 주요 방법으로 활용되어 경영성과 창출에 큰 영향을 끼쳤다.

삼성 휴대전화가 글로벌 브랜드로 성장하면서 해외 사업장에서도 품질분임조활동이 이어졌고 국내 분임조경진대회에도 참가했다. 전국품질분임조경진대회에 해외 사업장 인력들이 참가한 것은 그 때가 처음이었다.

당시 중국 천진공장의 현지 채용사원들은 분임조를 구성해 자신들의 개선 성과를 한국어로 번역해 문집과 발표 자료를 만들었고, 중국어로 발표했다. 비록 동상에 머물긴 했지만 국내 분임조들에 뒤지지 않는 탄탄한 실력으로 대회 참가자들에게 신선한 충격을 주었다.

가장 무서운 적은 '자만심'

"역시 삼성전자 무선사업부가 최고입니다."

1999년대 말부터 2000년대 중반까지 삼성전자 무선사업부는 분임조활동의 전성기를 달렸다. 전국품질분임조경진대회에 나가는 분임조마다 금상을 싹쓸이하다시피 했다.

삼성전자 무선사업부는 1998년 전국품질분임조경진대회에 처음 출전한 이후 2013년까지 한 해도 빼놓지 않고 대회에 출전했으며 처음 출전한 이래로 17년 연속 금상 수상이라는 금자탑을 쌓았다. 회사 내에서도 전국품질분임조경진대회에 나가기만 하면 금상은 '따 놓은 당상'이라고 생각할 정도였다. 오히려 금상을 받지 못하는 것이 화제가 될 정도였다.

그러나, 겉으로 드러난 화려한 결과의 이면에 조금씩 불안의 씨앗이 싹트고 있었다. 그것은 바로 '자만심'이었다. 이제는 전국품질분임조경진대회에 나가서 금상을 수상하는 것이 회사 내에서도 별로 대수롭지 않은 일처럼 여겨졌고 직원들의 열의도 식어갔다.

반면 후발주자들은 엄청난 노력으로 맹추격해왔다. 그 결과 삼성전자 무선사업부도 분임조활동에서 예전과 같은 독보적인 위치를 차지하는 것은 더 이상 기대하기 어려워졌다.

급기야 2009년에는 6시그마 부문에서만 금상을 수상하고 현장 및 설비 부문에서는 은상을 수상하는 데 그쳤다. 대회에 출전하기 시작한 이래 가장 초라한 성적이었다. 그나마 금상을 이어갈 수 있었던 것은 국내 최고 수준의 6시그마 문제 해결 능력을 가지고 있었기 때문이었다. 그러나 2011년 마침내 우려하던 일이 터지고 말았다.

14년 연속 금상, 대기록을 사수하라

"도대체 어떻게 된 겁니까? 이러다 금상을 하나도 못 받는 거 아닙니까?"

2011년 전국품질분임조경진대회 첫날 일정을 마치고 난 후 삼성전자 무선사업부는 비상이 걸렸다. 첫날 발표에 나섰던 현장개선 분야의 'YES 분임조'와 '느낌표 분임조'가 예상을 뒤엎고 각각 은상과 동상에 머무른 것이었다. 대회장을 찾았던 담당 임원들은 충격을 받은 모습이었다.

대회 이틀째 6시그마 부문과 해외 부분이 남았지만 해외사업팀에 금상을 기대하긴 조금 불안한 상황이었다. 믿을 것은 6시그마 부문에 나선 '하나로 분임조' 밖에 없었다. 만약 다음 날 '하나로 분임조'마저 금상을 수상하지 못하고 빈손으로 돌아간다면 그동안 어렵게 쌓아왔던 연속 금상 수상 기록도 13년에서 멈추게 될 것으로 보였다.

"이럴 때가 아닙니다. 모두 따라 오세요."

6시그마 사무국장으로 대회에 참석했던 강주일 부장은 다음 날 발표를 하는 '하나로 분임조'를 이끌고 인근 호텔로 직행했다. 만에 하나

금상을 받지 못할 수도 있다는 생각에 발표 연습과 예상 질문에 대한 답변 등으로 밤샘 연습에 돌입했다.

다음 날 발표 무대는 어느 때보다 긴장됐다. 다행히 '족집게 과외'가 효과가 있었는지 '하나로 분임조'는 6시그마 부문에서 금상을 수상했고, 해외분야에서도 '오아시스 분임조'가 금상을 수상했다.

칭찬을 채찍으로 듣지 않고 너무 일찍 만족했던 것이 문제였다. 자만과 매너리즘, 가장 큰 적은 가장 가까운 곳에 있었다. 이 일을 계기로 개선활동에는 끝이 없다는 새로운 교훈을 얻게 됐고 재도약의 계기를 마련할 수 있었다.

삼성전자 무선사업부는 다시 한 번 분임조활동의 고삐를 조였다. 그 결과 2012년 국내 4개, 해외 3개 등 7개 분임조가 전국품질분임조경진 대회에 출전, 모두가 금상을 수상하는 반전을 이루어냈다. 2013년에도 10개 팀이 출전해 해외 분임조 1팀이 아쉽게 은상을 받았지만 9개의 금상을 휩쓸어 다시 한 번 분임조활동 전성기를 예고했다.

양궁 선발전 같은 사내 분임조 예선

"자, 내년에는 우리도 전국품질분임조경진대회에 꼭 나가 봅시다."

전국품질분임조경진대회가 끝난 직후인 10월부터는 다음해 대회 참가를 위한 제조그룹 예선대회가 시작된다. 전국품질분임조경진 대회를 통해 달궈진 열기를 그대로 이어가기 위해서다. 이어 12월부터 다음해 2월 사이에 사업부 명성분임조경진대회가 열린다.

사업부 명성분임조경진대회에 참가하기 위해서는 국내의 경우 파트별 우수 분임조에 선정된 후 부서대회에서 최우수 분임조에 선정되어야 하며, 해외법인은 부서대회를 거쳐 법인대회 최우수 분임조로 선정되어야 한다. 이러한 과정을 거쳐 선발된 팀들이 모여 사업부 명성

분임조경진대회에 참가하고, 여기서 최우수 분임조로 선발된 팀들은 삼성전자 무선사업부의 자존심을 걸고 사외 대회에 참가한다.

회사 대표로 선정되기까지 첩첩산중 넘어야 할 산이 많다. 이 때문에 삼성전자 무선사업부의 분임조 사내 예선은 마치 국제대회 입상보다 국내 예선 통과가 더 어렵다는 한국 양궁을 떠올리게 한다.

사업부 대회의 경우 전국품질분임조경진대회 출전 수준의 실력을 가진 분임조들이 참가하는 데다 전국품질분임조경진대회와 같은 방식으로 교수, 외부 현장 전문가, 한국표준협회 전문위원을 초빙해 심사를 진행하기 때문에 실전을 방불케 한다.

문화 다른 해외법인, 진정성보다 강력한 제도는 없다

삼성전자 무선사업부는 글로벌 기업답게 중국, 베트남, 브라질, 인도 등 총 9개 지역에 해외 생산 법인이 있다. 국내 사업장의 생산 규모보다 해외법인의 규모가 훨씬 크다. 제품군 하나에 이렇게 많은 법인이 존재한다는 것이 삼성전자의 장점이자 경쟁력이다.

현재 각 해외 법인에서도 2천여 개의 분임조를 구성, 활발한 활동을 하고 있다. 이 많은 분임조 중 전국품질분임조경진대회에 출전할 수 있는 팀은 대략 3~4개 팀에 불과하기 때문에 국내 법인보다 훨씬 더 치열한 경쟁 과정을 거쳐야 한다.

각 부서 대회를 거쳐 법인 대회에서 최우수상을 수상해 사업부 명성 분임조경진대회까지 출전한다고 해도 끝이 아니다. 여기서 다른 법인의 분임조에 밀려 전국품질분임조경진대회 출전을 눈앞에 두고 고배를 마시는 분임조들이 부지기수다.

이러한 과정을 거치면서 자연스럽게 법인 간 자존심을 건 경쟁 체제가 이루어져 스스로 노력하는 분위기가 형성된다. 해외 법인도 사내 대회의 결승전이라고 할 수 있는 '사업부 명성분임조경진대회'에 입상하는 것이 회사 밖의 대회에서 입상하는 것보다 훨씬 어렵다고 입을 모은다.

해외 법인마다 분임조활동의 특징도 조금씩 차이가 난다. 중국은 오랜 역사에서 비롯된 문화적 자존심을 바탕으로 한 '대륙적 기질'이 강하며 베트남과 인도는 개개인의 자부심이 강한 편이다. 삼성전자 특유의 정과 인간미, 학습 조직, 프로 최고 정신 등의 문화를 어떻게 받아들이게 하느냐가 해외 법인의 분임조 활성화를 위한 관건이다.

작업자가 낸 아이디어가 현장에 적용되지 않는 것을 방지하기 위해 각 현장에는 아이디어 및 개선 현황 보드판을 설치하여 사원들의 건의사항, 개선사항, 진행현황을 실시간으로 볼 수 있도록 만들었다.

월 1회 한 달간 내용을 정리하여 우수 아이디어를 발굴하여 공유하는 자리도 만들었다. 자신이 낸 아이디어가 현장에 실제 적용되는 것을 본 이후부터 개선안 및 건의사항이 3배 이상 늘었다.

삼성전자가 글로벌 기업으로 성장했기 때문에 갈수록 해외 법인의 비중이 더욱 커질 수밖에 없다. 이 때문에 문화가 다르고 작업환경이 다른 해외 분임조원들을 일사분란하게 이끌어가는 것이 삼성전자 무선사업부의 중요한 과제중의 하나이다.

성과에는 확실한 보상이 따른다

성과 뒤에는 보상이 따른다. 전국품질분임조경진대회 출전 분임조에게는 상의 종류에 따라 금상 5백만 원, 은상 3백만 원, 동상 2백만 원을 지급하고 있다. 특이한 것은 국내 법인과 해외 법인의 시상금에 차등을 두지 않는다는 것이다. 따라서 해외 법인 분임조들은 같은 금액의 시상금을 받더라도 자국 화폐로 환전하면 상당한 금액이 된다.

해외 법인의 경우 우수 분임조원과 전국품질분임조경진대회 출전 수상자들에게 1인 1실 기숙사를 제공하고 인사 고과에도 반영하고 있다. 지역에 따라 차이는 있지만 보통 4~8인 1실 기숙사가 보편적인 상황에서 1인 1실의 기숙사는 파격적인 혜택이라고 할 수 있다. 이 때문에 해외 법인의 분임조들은 '코리안 드림'을 꿈꾸며 치열한 경쟁을 펼치고 있다.

또한 금상 수상 분임조에게는 해외 우수기업 벤치마킹 기회를 부여하고 있다. 초창기만 해도 중국이나 일본 등 아시아 국가 기업에 국한되었으나 최근에는 업종에 상관없이 유럽의 선진 기업들을 방문해, 그들로부터 배울 점을 찾기 위해 노력하고 있다.

분임조활동, 왕도는 없다

"분임조활동을 잘 할 수 있는 비결이 도대체 뭡니까?"

삼성전자 무선사업부가 매년 전국품질분임조경진대회에서 뛰어난 성과를 올리자 많은 기업 관계자들이 벤치마킹을 요청하고 또 질문을 해 온다. 그들이 가장 궁금하게 생각하는 것은 바로 분임조활동을 성공적으로 추진할 수 있었던 삼성전자 무선사업부만의 비결이다.

삼성전자 무선사업부의 강주일 부장은 "분임조활동에 왕도는 없으며 특별한 노하우도 없다"고 잘라 말한다. 굳이 비결을 꼽는다면 그것은 '노력'과 '열정'이다.

특별한 요령이 있어서 잘 하는 것이 아니라 남들보다 더 노력하기 때문에 잘 하는 것이라는 설명이다. 남들이 10시간 할 때 11시간씩, 11시간 할 때 12시간씩 노력을 기울였기 때문에 가능한 일이다. 남들보다 한발 더 움직이는 것 외에 특별한 비결은 없다.

또 하나의 성공 요인을 들자면 '꾸준함'을 빼놓을 수 없다. 삼성전자 무선사업부는 현장에 분임조활동을 처음 도입한 이후 어떠한 일이 있어

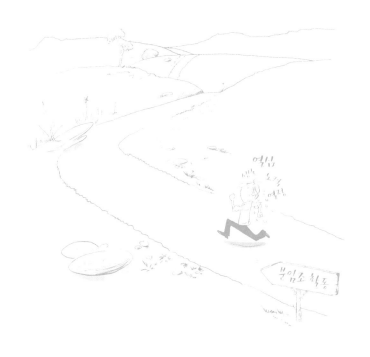

도 쉬지 않고, 흔들리지 않고 꾸준히 분임조활동을 발전시켜 왔다. 삼성전자 무선사업부에는 한번 시작하면 길게 보며 묵묵히 지속적으로 일을 추진하는 문화가 있다. 불도저를 밀고 들어왔다가 멈추고 쉬는 문화가 아니다.

'17년 연속 금상' 수상이라는 결과가 바로 그것을 증명해주고 있다. 1, 2년도 아니고 17년 간 쉬지 않고 꾸준히 좋은 성과를 낸다는 것은 말처럼 쉬운 일이 아니다. 기업 혁신활동의 세계에도 새로운 제도를 도입하여 의욕적으로 몇 년 실시하다가 그만두는 일들이 비일비재하다.

글로벌 넘버원, 다시 기본으로 돌아가자

삼성전자 무선사업부는 이제 명성활동 3기를 준비 중에 있다. 새롭게 준비하고 있는 '명성'은 '새길 명(銘)', '별 성(星)'의 '명성(銘星)' 분임조활동이다. 삼성전자 무선사업부는 세계 휴대전화 시장 넘버원의 자리에 올랐다. 1등을 쫓아서 앞만 보고 달려가던 때는 지났다. 이제는 어렵게 오른 세계 최고의 자리를 계속 유지하고 지켜내야 하는 위치에 서게 됐다.

글로벌 넘버원의 위치를 이어가야 할 명성 3기의 핵심 정신은 '백 투 더 베이직(Back to the Bacic)', 즉 '기본으로 다시 돌아가는 것'이다. 분임조활동을 처음 시작했던 당시의 초심으로 돌아가 기본을 다지는 것부터 다시 시작하자는 것이다. 가장 중요하고 핵심적인 것은 모두 '기본'에 있다.

삼성전자 무선사업부의 강주일 부장은 명성 3기 분임조활동의 운영

철학을 힘주어 말한다.

"기본에 충실하지 않으면 잠깐은 성공할 수 있어도 그 성공을 오래 유지할 수는 없습니다. 모든 분야에서 기본을 잘 지키고 다지는 것은 미래의 선진사회를 보장하는 우리 모두의 공통 가치입니다."

18년째 이어지는
전 사원 교육

삼성전자 무선사업부 직원들은 매년 한 차례씩 회사 밖 한 공간에 모두 모여 한 가지 주제를 놓고 함께 고민하고 즐긴다. 1박 2일 혹은 2박 3일 일정으로 실시되는 전 사원 교육은 포스터를 그려보기도 하고 종이학을 접어보기도 하며 자신의 자화상을 그리기도 한다. 교육이라기보다는 놀이에 가깝다.

회사를 떠난 외부 공간에서 업무와 상관없이 실시하는 이러한 활동은 사원들 개개인의 의식수준을 높이는 것은 물론 동료애와 협동심을 길러줘 분임조활동에도 큰 도움이 된다.

1997~1999년 도미노 만들기를 시작으로 애니콜 모형 만들기, 도자기 만들기, 세계지도 도판 만들기, 애니콜 랜드마크 조형물 만들기, 애니콜 광고 경진대회, 팀파워 경진대회, 팝업북 만들기, UCC만들기 활동을 진행해 왔다.

전 사원이 참여하는 교육인 만큼 많은 화제를 낳기도 한다. 2000년의 경우 애니콜 모형 만들기에서 분임조들이 만들었던 모형이 이후에 출시된 듀얼 폴더폰과 MP3 폰 제품과 유사한 모양을 가지고 있어 놀라기도 했다.

전 사원 교육은 삼성그룹 내에서도 처음 실시하는 것으로 이미 18년째 계속되고 있다. 매년 1박 2일, 혹은 2박 3일 일정으로 실시되고 있는 제조 부문 전 사원 교육의 일환이다. 해외 법인 역시 법인 설립 이후 한 해도 빠뜨리지 않고 전 사원이 참여하는 전 사원 교육을 실시하고 있다.

기술력이
제품이다

한전KPS

물이나 공기처럼 전기는 현대사회에 없어서는 안 될 필수불가결의
존재이다. 굳이 모든 문명을 거꾸로 돌려 전기가 필요치 않은 원시사회
로 돌아갈 생각이 없다면 안전하게 전기를 사용하는 것보다 중요한 일
도 없다. 전기의 안전에 빨간불이 들어오는 순간이야말로 세상이 정지
하는 시간이다. 그것은 단순히 엘리베이터가 멈추고, 가로등 몇 개가
멈추는 걸 의미하지 않는다. 전력 소비가 급증하는 여름철이면 각종

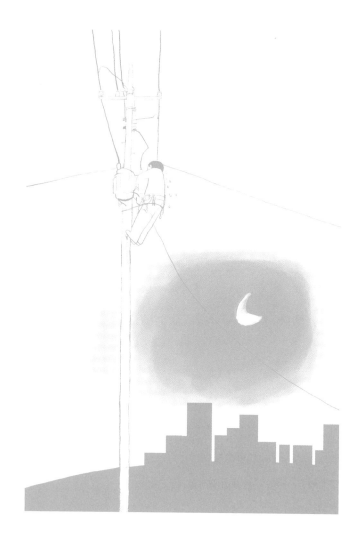

매체에서 떠들어대는 블랙아웃(대규모 정전사태)이 좋은 예이다. 세계 경제를 선도하는 미국에서조차 2003년 발생한 블랙아웃으로 5천5백만 명의 국민이 전기 없이 살아야만 했다. 철도를 비롯한 모든 교통이 마비되고 도시는 암흑천지가 되고 말았다.

우리 역시 그러한 비상사태가 발생하지 않으리란 보장이 없다. 그러나 요즘에는 정전되는 경우가 드물다. 아니 드문 정도가 아니라 거의 없다. 간혹, 태풍이나 사고 때문에 정전되기도 하지만 전력회사 때문에 정전되는 경우는 거의 없다.

이 때문에 대다수의 사람들은 전기의 고마움을 공기처럼 당연히 누려야할 권리쯤으로 여기는 경향이 있다. 정전사태가 빈번했던 과거와 달리 지금처럼 편하고 안전하게 전기를 사용할 수 있게 된 데는 몇 가지 이유가 있다. 그 중 하나가 한전KPS의 뛰어난 기술과 품질경쟁력이다.

기술이 곧 제품

지난 2014년 7월 10일, 서울 소공동 롯데호텔에서 한국표준협회 주관으로 '2014 한국서비스대상 시상식'이 열렸다. 이 자리에서 한전 KPS 최외근 사장은 '최고경영자상'을 수상했다.

한전KPS의 눈부신 성과는 비단 이날 있었던 최외근 사장의 최고

경영자상 수상에 국한하지 않는다. 전국품질분임조경진대회에서 33 번의 금상 수상과 17년 연속 대통령상을 수상하고 있다. 아울러 국제품 질분임조대회(ICQCC)에 한국 대표로 선정된 것도 무려 12회나 되며, 2013년에는 경쟁부문에 참가하여 'Excellence Award'상을 수상했다. 이러한 활동성과에 힘입어 품질경영대상(2009)과 한국서비스대상 명예의 전당(2011) 그리고 품질경쟁력우수기업 명예의 전당(2011) 등 산업 현장 최초로 '품질경영 혁신 그랜드슬램'을 달성한 것 또한 놀라 운 일이 아니다.

그런 그들을 가리켜 언론은 '제품을 생산하지 않고 기술력만으로 매 출 1조 원을 달성하는 기업'이라 칭한다. 발전설비를 정비하는 기업의 특성을 고려하면 틀린 말은 아니다. 하지만 '기술이 곧 제품'이라는 한 전KPS 직원들의 품질정신과 마주하면 이야기는 달라진다. 눈에 보이 지 않는 전기 또한 제품인 것은 당연하기에 보다 안전하고 질 좋은 전기 를 생산할 수 있도록 발전설비를 정비하는 기술력을 향상하는 것 또한 제품생산과 다르지 않다고 보기 때문이다.

한전KPS는 1974년 설립된 플랜트 정비기술 전문회사로 특히 발전 설비를 전문적으로 정비하는 회사이다. 한국전력공사의 계열사인 한 전KPS는 세계적인 기술력과 활발한 품질혁신활동을 벌이고 있는 회 사로 정평이 나 있다. 한전KPS의 경쟁력은 5천여 명의 직원들이 보유

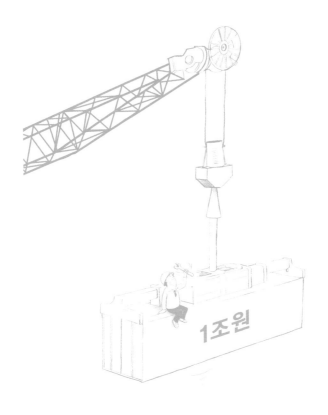

하고 있는 기술자격증 보유 현황만 봐도 알 수 있다. 그들은 터빈정비 등 사내자격증과 국가기술자격증을 합하여 총 39,781개의 자격증을 보유하고 있다. 직원 1인당 8.2개의 기술자격증을 보유한 셈이다. 그들이 지닌 기술력이야말로 품질 향상의 밑거름이자 안전의 초석이다.

도약의 발판은 분임조

한전KPS의 경쟁력은 저절로 이루어진 것이 아니다. 한전KPS는 창사 이후 다양한 경영혁신활동을 전개하였고, 그 활동들은 경영체계 안정화와 기술력 강화 등 회사의 발전에 기여하였다. 그 중에서도 대표적인 것이 품질분임조활동이다.

품질분임조활동의 출발점은 '우수정비품질사례발표대회'였다. 1995년 12월, 한전KPS(당시 한전기공)는 '정비품질의 날' 행사의 일환으로 우수정비품질사례발표대회를 개최하였다. 여천사업소 거북이 분임조를 비롯하여 총 6개 팀이 참가한 이 대회를 통해 개선활동이 문제 해결의 원천이 된다는 것을 깨달았다. 개선활동을 통해 품질문제의 발생 원인을 분석하여 대책을 수립하고 실시하면서 정비품질을 확보할 수 있다는 확신을 갖게 됐다.

이에 한전KPS는 발전설비와 기기, 자재 및 절차를 원인별, 처리 형태별, 기기별로 분석하기 시작하였다. 아울러 전 직원의 품질요원화를 위해 24개 수화력사업소에 품질분임조를 조직하고 편성했다. 이렇게 시작한 분임조활동은 1996년 244개 분임조가 한국표준협회에 등록을 마치면서 본격화됐다. 한전KPS는 본사 차원의 발표대회는 물론 총 54회에 걸쳐 사업소가 주관하는 발표대회도 개최했다.

1995년과 1996년이 한전KPS 분임조의 필요성과 활동성과에 대한 확신을 정립한 시기였다면, 1997년과 1998년은 한전KPS 분임조가 확실하게 뿌리내리는 시기였다. 분임조활동의 양적 팽창과 함께 혁신활동의 시스템이 정착되었다.

1996년 244개였던 분임조는 1997년 들어 318개로 확대되었고 '품질경영시스템'의 도입과 함께 혁신활동의 본질을 '지속적인 개선을 통한 고객만족'으로 설정하게 되었다. 산발적인 혁신활동에서 한 단계 발전하여 전체 직원이 참여하는 경영혁신활동 시스템으로 정착된 것이다. 그 결과는 각종 대회에서 나타났다. 1997년 한전KPS 분임조는 지역 품질분임조경진대회에서 16개 분임조가 수상했고, 전국품질분임조경진대회에서도 4개의 분임조가 금상을 수상했다.

그 당시 금상을 수상했던 한전KPS 품질경영실 윤현웅 처장(당시 여수사업소 품질담당)은 성공적인 분임조활동을 위해 심혈을 기울였다. 매달 정기적으로 분임조활동에 대한 교육과 토론을 실시했다.

"한화나 삼성 같은 대기업 추진부서를 직접 찾아가서 만났습니다. 발표기법 같은 것도 파악하고 정보도 입수하기 위해서는 어쩔 수 없었어요."

당시만 해도 회사로부터의 지원이 충분치 않아 대회를 준비하는 데 어려움이 많았다.

"그래도 어쩌겠어요. 내 생각은 생각이고, 회사 이미지가 걸린 대회인데 최선을 다해야 하지 않겠어요?"

시나리오를 직접 작성하고 OHP 필름을 만들며 꼬박 열흘 동안 밤을 지새웠다. 전남 품질분임조경진대회 출전 당일, 그는 자신들이 준비한 원고에 문제가 있다는 것을 발견했다. 윤 처장은 감점을 감수하고 원고를 수정해서 다시 심사위원들에게 내밀었다. 당시 심사위원들은 모두 황당해했으나 그들은 금상을 수상했다. 그 때 이후로 윤 처장은 전국 품질분임조경진대회를 준비하면서 수십 번 원고를 고치고 발표 현장 답사를 하면서 마이크 감도까지 체크했다.

1998년에도 한전KPS 분임조는 전국품질분임조경진대회에 참가해 여수2사업소의 거북이 분임조, 보령사업소의 샘물 분임조, 영월사업소의 세계화 분임조, 울산사업소의 태평양 분임조, 안양사업소의 패밀리 분임조가 각각 금상을 수상하였다.

한전KPS만의 포상제도

이렇듯 활발한 분임조활동의 성과는 회사 내부의 개선활동으로 이어졌다. 1996년 수화력 141건, 원자력 15건이던 문제점 개선활동은 1997년에는 수화력 148건, 원자력 117건으로 이어졌고, 1998년에는 수화력 185건, 원자력 168건으로 확대됐다.

한전KPS는 1997년부터 품질경영상 제도를 회사 자체적으로 시행하였다. 직원 개인은 물론 각 사업소별로 우수정비품질 환경창출을 위한 동기부여를 위해서였다. 또한 이 제도를 통해 품질보증 체계를 전사적으로 정착시키고자 노력하였다.

이 제도는 기존의 연간 목표관리 평가기준을 적용하여 중간평가 형식으로 시행하던 품질우수사업소 선정 제도를 확대 발전시킨 것이다. 이를 위해 한전KPS는 사업소별 계량목표 달성도의 단순 상대평가에서 정부와 한전 시행제도를 참고로 한 사업소별 목표달성도의 포괄적 평가로 평가방식을 변경하였다. 평가내용 역시 달라졌다. 환경적 요소(20점), 운영적 요소(50점), 성과적 요소(30점)를 기본 배점으로 하고, 사업소장의 경영의지와 품질경영활동의 정착도 및 지속추진가능성 등도 보조적인 배점 사항으로 추가했다.

이러한 품질경영상 심사기준은 1998년에는 수화력 및 원자력분야와 사업소 규모별로 평가군을 나누어 보완 적용하였다. 동시에 고장정지실적, 전년도 품질목표관리실적, 품질인원 확보현황, 품질감사 수감내용, 분임조활성화실적, 품질유자격자확보실적, 품질관련교육실적 및 품질경영특화활동 전개실적 등을 점수로 환산하여 심사하였다.

품질 향상 활동의 정착과 동기부여를 위해 시행된 제도인 만큼 수상사업소에 대한 포상 또한 종전보다 대폭 확대되었다. 수상에 따른 포상 금은 물론 공로직원에 대한 표창과 해외연수가 별도로 부여되었고, 각종 교육에 대한 참여기회가 우선 제공되었다. 또한 목표관리에 대해 가점이 부여되었으며 수상한 이듬해 품질감사에서 면제되는 혜택까지 주어졌다. 당시로서는 통 크고 파격적인 포상이 아닐 수 없어서 '우리도 품질경영상 한번 받아 보자'는 진취적 분위기가 자연스럽게 전 사업소에 확산됐다. 그야말로 통 큰 보상에 따른 전사적 혁신의지의 확산이 아닐 수 없었다.

위기를 기회로

한전KPS는 발전설비를 정비하는 기업으로 기술력만으로 매출 1조원을 달성했다. 전국에 38개 사업소를 두고 해외에도 14개 사업소를 둔 명실상부한 '세계 최고의 플랜트 정비서비스를 제공하는 창조적 선도기업'이 된 것이다.

한전KPS의 오늘이 있기까지 넘어야 할 산이 없었던 건 아니다. 2001년 6개의 자회사가 한국전력으로부터 분리되면서 한전KPS 또한 민영화 논란에 휩싸여야만 했다. 고용 불안을 느낀 노조는 분규에 들어갔고 품질혁신에도 빨간불이 들어왔다. 하지만 모두가 알고 있듯이 한전KPS의 품질혁신과 분임조활동은 위기를 슬기롭게 극복했다. '비 온 뒤에야 땅이 굳는다'는 속담처럼 위기를 기회로 승화시키는 지혜를 발휘할 줄 알았다.

발전설비를 정비하는 업(業)의 특수성 때문에 한전KPS는 회사 자체로 설비를 보유하지 않는 태생적인 어려움을 안고 있다. 정비서비스 기술력만 고객사에 제공하는 탓에 설비에 대한 문제점이나 개선점을 발견해도 고객사와 긴밀한 협조가 이루어지지 않으면 개선활동을 실행할 수 없다. 전국에 산재한 수많은 발전설비의 특성을 속속들이 파악하고 있음에도 설비의 개선만큼은 스스로의 의지에 따라 결정하지 못한다.

아무리 작은 문제라도 설비의 문제점을 개선하기 위해선 고객사부터 설득해야만 한다. 그런 점에서 한전KPS는 고객사와의 소통이 최우선이다. 흔히 최근 우리 사회의 병폐 가운데 하나가 소통의 부재라고들 하지만 한전KPS에는 통하지 않는 말이다. 소통이야말로 한전KPS의 생존과 직결되는 절대적인 요소이기 때문이다.

KPS - Way 기법

한전KPS는 비전 실현을 위해 ABC 운동(A Must Quality 현장 정비품질 관점, Be the Master 고객 관점, Challenge 6시그마 개선 관점)을 전개하고 있다. 이를 통해 한전KPS가 달성하고 있는 업무 효율은 매년

10% 이상이다. 그중에서도 특히 Challenge 6시그마 운동은 분임조활동과 6시그마활동을 접목한 한전KPS만의 독창적인 혁신기법인 KPS-Way를 적용한 전사적인 개선활동이다.

2004년까지 한전KPS의 개선활동은 분임조활동과 제안활동이 주를 이뤘다. 당시에는 정비 관련 기법이나 장비 개선으로 생산성 향상에 기여했으나 회사 경영 및 행정과 관련한 시스템과 프로세스 개선은 이루기 힘들었다. 이를 해결하기 위해 한전KPS가 2009년 도입한 것이 6시그마였다. 그들은 6시그마를 통한 혁신활동으로 정비기술 개선뿐만 아니라 회사의 경영 및 행정과 관련한 프로젝트까지 수행했다. '출장비 산출 프로그램'이나 '플로우차트형 정비절차서' 고안 등의 과제가 그런 것들이다.

나아가 6시그마 분임조활동과 제안을 접목해 KPS-Way 개선기법을 개발했다. KPS-Way의 특징은 전 직원이 어렵지 않게 혁신활동에 접근할 수 있도록 기존 개선기법의 단계를 압축하고 간소화한 데 있다. 이러한 활동을 통해 2013년, 한전KPS가 얻은 유형효과는 302억 원에 이른다.

글로벌 수준의 표준 정비절차서

한전KPS는 완벽한 정비서비스를 제공하기 위해서 자체적인 정비

절차서를 개발해 활용하고 있다. 기존 정비절차서는 내용이 방대해 작업자가 현장에서 절차서를 활용하는 데 어려움을 겪었다. 또한 화력 발전 정비절차서의 보유 건수는 4,636종에 달하고 있어 관리가 미흡했다. 발전회사들은 완벽한 정비서비스와 높은 품질수준을 요구했다. 글로벌 수준의 정비절차서 개발이 필요해진 것이다.

우선 현장에서 활용하고 있는 절차서를 설비별, 규모별로 그룹핑했다. 이를 토대로 표준 정비절차서 개발에 착수해 기기 중심의 4,636종의 서술형 절차서를 기종 중심의 플로우차트형 100종으로 압축해 개발했다.

표준 정비절차서를 기술정산서에 첨부하여 기술정산서의 작성시간을 기존 3개월에서 1개월 미만으로 단축시켰고, 사업소에서 활용 중인 점검표와 플로우차트형 절차서를 연계해 현장에서 정비내용을 실시간으로 기록할 수 있도록 했다.

고객사를 대상으로 표준 정비절차서의 개발 취지와 필요성을 설명하고 공감성을 형성하기 위해 '고객합동워크숍'과 '현장설명회'를 개최했다. 여기서 나온 고객 의견을 수렴해 개선된 절차서를 만들었고, 최종 절차서에 대한 설명회를 다시 한 번 열었다. 이 사례는 약 54억 원의 인건비 절감 효과를 창출했으며, 우수성을 인정받아 특허 등록과 함께 모든 화력 발전소의 표준절차서로 활용하고 있다.

한전KPS의 분임조활동은 현장에 국한하지 않고 사무간접분야까지 확대하고 있다. 그 대표적인 사례가 바로 '터치 분임조'이다. '터치 분임조가 손대면 무엇이든 해결된다'는 그들의 슬로건처럼 한전KPS 품질경영실의 분임조인 터치 분임조는 많은 과제를 해결해 왔다. 그래서일까. 윤현웅 처장은 "한전KPS의 품질경영 혁신업무를 총괄하는 품질활동의 산실이자 컨트롤 타워"라고 품질경영실을 소개했다. 그런 만큼 그들이 거둔 성과 또한 뛰어났다.

터치 분임조는 2009년 분임조가 만들어지던 그 해에 회사 6시그마 발표대회에 출전해 금상을 수상했다. 다음해에는 전국품질분임조경진대회에서 금상을 수상했고, 국제품질분임조대회(ICQCC)에도 출전했다. 2011년은 물론 2013년에도 전국품질분임조경진대회 금상은 그들의 것이었다.

터치 분임조는 2013년에 '고객응대 방법 개선으로 서비스품질지수(KPS-SQI) 향상'이라는 주제로 전국품질분임조경진대회에 출전해 금상을 수상했다. 한전KPS의 서비스품질지수가 2011년 8.93점으로 2008년부터 지속적으로 감소했고, 회사 목표인 9.0점 이상보다 낮은 것을 개선하기 위한 주제 선정이었다. 지속적인 사업영역 확대로 고객의 요구가 다양화되고 있는 상황에서 시급히 해결해야 할 문제가 아닐

수 없었다.

우선 접점 특성을 반영한 고객 응대가 이루어지지 않는 문제를 해결하기 위해 접점 서비스 채널을 수화력과 원자력 그리고 송변전으로 세분화하였다. 접점별 기본지침과 서비스팁, 응대 문구 등을 만들어 대응을 원활하게 했다. 책자화되어 있던 서비스 품질 매뉴얼을 휴대하기 쉽게 포켓매뉴얼로 제작해 현장에서도 휴대하며 수시로 숙지할 수 있도록 했다. 이 포켓매뉴얼에는 업무 응대뿐만 아니라 일상 경조와 차량탑승 의전 등 일상생활에서도 활용할 수 있는 내용들을 포함시켰다.

윤현웅 처장은 "2013년 11월, 경기도지사 품질분임조 환영 오찬 행사에서 터치 분임조가 경기도 대표 분임조로 선정되어 사례 발표를 했다.

이때 당시 경기도지사께서 포켓매뉴얼을 보고 경기도와 공무원 조직에 확산될 수 있도록 지시해 현재 반영된 것으로 알고 있다."라고 말하면서 포켓매뉴얼 고안에 대해 자부심을 표현했다.

터치 분임조는 거기서 멈추지 않고 애플리케이션을 개발해 스마트폰에서도 서비스 매뉴얼을 확인할 수 있도록 했다. 온·오프라인 동시 서비스를 현실화한 것이다. 뿐만 아니라 성과의 수평적 전개를 위해 CS지킴이를 육성하여 사업소별 전파 교육을 실시했고, 기본절차 준수 활동을 위해 현장 점검도 실시했다.

터치 분임조는 사무적인 업무환경이기 때문에 개선활동의 관점 역시 업무행정 간소화에 중점을 두고 있다. 이를 통해 효율성과 생산성을 향상시키는 것이 터치 분임조가 추구하는 방향이다.

공기업도 기업이다

"공기업도 기업입니다. 살아남기 위해선 민간기업과 경쟁할 수 있는 품질시스템을 갖춰야 합니다. 그리고 그 시스템의 가장 기본적인 실천 단위가 바로 분임조입니다."

한전KPS 품질경영실의 윤현웅 처장은 품질분임조의 중요성을 재차 강조했다.

그런 점에서 보았을 때, 매년 50억 원에 달하는 예산을 교육비로

책정하는 한전KPS의 모습은 절로 눈길이 가지 않을 수 없다. 이 때문에 '한전KPS의 직원이라면 누구나 품질전문가가 된다'는 그들의 품질 혁신 의지에 믿음이 간다.

Quality Inside

품질분임조는
내 운명

윤현웅 처장은 1995년을 잊을 수 없다. 품질감사와 품질검사 등 품질보증 위주의 한전KPS 품질활동에서 분임조활동이 도입되었고, 그 스스로 품질담당 업무를 자청했기 때문이다. "1995년에 품질담당 업무를 자청하기 전까지 현장 근무를 했습니다. 그때 정비품질 문제로 고객사와 이견이 있었어요. 그 내용은 우리가 이미 문제점을 어필한 사항이었습니다. 그런데 그에 대한 정비 이력관리가 되지 않아 '작업자의 귀책'으로 결정되어 책임이 우리에게 전가된 일이 있었어요. 오랜 해명 끝에 작업자의 귀책 부분은 해소했지만 그 사건 이후로 정비 기록의 중요성을 크게 인식했습니다. 다시는 그런 일이 재발하지 않도록 해야겠다는 오기 비슷한 것이 발동했어요. 결국 그 일 있고나서 나 스스로 품질업무에 자원했습니다."

분임조활동이 도입된 첫해, 윤현웅 처장이 활동했던 복돼지 분임조는 1997년 전국 품질분임조경진대회에 처녀 출전하여 금상을 수상했다. 이후 3년 연속 금상을 수상하면서 '품질명장'이라는 명예도 동시에 획득했다. 그런 그의 모습을 눈여겨보았던 당시 한전KPS 경영층은 1998년 품질경영 추진자로 그를 발탁했다.

이를 바탕으로 그는 철탑산업훈장에 이어 2개의 명장(품질명장 · 서비스명장)과 신지식인 타이틀을 보유하고 있다.

에필로그

1년 전, 이 책의 의미와 가치에 대해 신완선 교수님께서 말씀했을 때가 떠오릅니다. '아하!' 라고 공감하면서 부끄러운 생각이 들었습니다. 품질에 대한 전문 잡지와 도서를 발간하는 실무진들이 왜 그 생각을 못했는지에 대한 반성이었습니다.

이 일을 시작했을 때의 흥분된 마음이 지금도 생생합니다. 편집위원과 집필작가들이 머리를 맞대고 책의 편집 방향과 대상자 선정을 위해 생각들을 나누었습니다. 참신한 아이디어와 고마운 의견들을 많이 내 주신 은혜를 잊을 수가 없습니다.

더욱 멋지게 만들고 싶었지만 부족한 부분이 많은 것 같아 걱정이 앞섭니다. 이 책의 주인공인 품질인들에게 폐가 되지 않을까도 두려웠습니다. 그러나, 이 일을 하는 동안 큰 깨달음을 얻으면서 그런 염려들을 지울 수 있었습니다. 품질은 우리 가족의 행복과 기업의 발전, 그리고 국가의 미래를 보장하는 방향성이라는...

협조해 주신 품질명장님들께 감사드립니다. 지도해 주신 신완선 교수님과 품질명장협회 장진환 회장님께 경의를 표합니다. 이 책의 독자가 될 품질인 여러분들의 많은 의견과 질책을 부탁드립니다.

〈품질로 세상을 바꾸는 사람들〉 편집위원 일동

이 책의 편집에 참여한 분들

편집위원장 **신완선** 성균관대학교 시스템경영공학과 교수
한국품질경영학회 회장

편 집 위 원 **이강인** 전주대학교 소방안전공학과 교수

편 집 위 원 **김종섭** OCI 군산공장 TQM사무국장

편 집 위 원 **김창남** 한국표준협회 전문위원

편 집 위 원 **박재우** 한국표준협회 국제인증본부장

편 집 위 원 **배이열** 한국표준협회 국가품질센터장

편 집 위 원 **한병식** 한국표준협회미디어 이사

편 집 위 원 **고향갑** 한국표준협회미디어 객원작가

편 집 위 원 **정재학** 한국표준협회미디어 객원작가